JN233125

スリランカ仏教界長老
A・スマナサーラ

原訳「法句経《ダンマパダ》」一日一悟

佼成出版社

はじめに　平和の礎を築く

　YESと答えたくなるような質問をいくつか並べてみましょう。優勝した？　合格した？　内定は？　メダルは……。YESと答えたら幸福で、NOと答えたら残念ということになりますね。人間は「競争」という概念なしには何一つ考えられません。魚が水中以外の生活など考えも及ばないのと同様、もはや私たち人間も競争のない生活など考えられないのです。人を勝ち組と負け組に分ける競争原理の世界では、私たちは決して平和も幸福も得られません。だれもがこころの底から「もう戦争は嫌だ！　もっと平和に暮らしたい。もっと幸せになりたい」と願っているのに、それを実現するために常にだれかと競争し戦ってしまう。その結果、すべてを失うのです。

　私たちは平和のあり方を具体的に問い直す必要があります。世界の平和、民族同士の平和、諸宗教間の平和、国内の平和、地域社会の平和、家族の平和、個人の平和……。

これらの平和を実現する道はあるのでしょうか。もちろん、私たちが競争思考で生きている限り、世界の平和はおろか個人の平和ですら実現することはできません。しかし、今もなお、多くの人々が「競争原理こそが平和で幸福に生きる方法だ」と思い込んでいます。もはや、競争原理以外の方法など考えられないのです。

無理もない話です。私たちは幼稚園に通う前から敵やライバルと戦うアニメ番組を見て育ち、幼稚園に上がったとたん、仲良くすべき友人と互いに競争することを教えられるのですから。さらに小学校から大学、そして社会人にいたるまで競争思考一色の人生を歩み、たとえ研究者や科学者になっても特許権やノーベル賞を獲得するために競争し続けています。およそ競争とは無縁のように思われる料理の世界でさえ、有名シェフが人気テレビ番組に登場し、互いの腕を競い合っているではありませんか。だから結果は決まっています。これでは平和など夢のまた夢です。やはり、私たちはこのままずっと激しい競争に耐え続け、苦しみやストレスを抱えて生きていかなくてはならないのでしょうか。いいえ、ここに問題解決の糸口はあります。人類で初めて競争原理の世界を超越し、真の幸福と平和を語った人物がいるのです。彼の智慧《ちえ》を超える人間はいまだに現われず、これからも現われないでしょう。その人物こそ釈迦牟尼《しゃかむに》ブッダです。

本書では『ダンマパダ（法句経《ほっくきょう》）』に説かれたブッダの智慧を全四章二十八編にわたって紹介しています。前著『原訳「法句経」一日一話』と同様、偈文《げぶん》は「ブッダの言葉にもっとも近い」と言われるパーリ語の原文から日本語に直訳したものです。ぜひ本書のタイトル通り「一日一悟《いちにちいちご》」のつもりで読んでいただきたいとの願いから、四週間でブッダの智慧を学べるように構成されています。どのページを開いても、競争思考のみで生きてきた現代人にとってはショッキングな内容かもしれません。しかし事実は事実です。だれもが好んで聞きたがる甘い話など人生の役には立ちません。「役に立たない話は無駄話であり、悪行為《あくこうい》だ」「智慧に勝る財宝はない」とブッダも説かれています。

この本には私たちの人生に平和をもたらすブッダの智慧が記されています。読者のみなさんは、平和についてブッダが説かれた壮大な智慧を発見することができるでしょう。一人ひとりのこころの平和から世界の平和にいたるまで、あらゆる平和を確実に実現できる、常識を超越した智慧が身につくと思います。智慧を開発することで得られる本当の平和を味わって、みなさんが幸福になられることをお祈りいたします。

目次

第2週　人生苦と向き合う

第3週　賢者の道を歩む

第4週　人格の完成をめざす

装丁・レイアウト　巖谷純介

第1週

こころの法則を知る

① 善いことをしたくならない

悪を犯すとき、無知な人は
それが悪業《あくごう》であると気づかない。
しかし自らの行為によって、
智慧のない人は火傷したように苦しみ続ける。（一三六）

世の中を見渡すと「いったい人間というのは、善いことをしているのか、悪いことをしているのか」という疑問を抱きます。一般的に答えるならば、人間はほとんど悪いことばかりしています。個人レベルで見ても、一人ひとりが自分の生き方を省みて、「私は善いことをしているのか、それとも悪いことをしているのか」と自問すれば、やはり、ろくなことをしてきていない、という気持ちを抱くのではないでしょうか。

どちらかというと、世の中の人々はたいてい悪いことばかりしています。しかも、それは善くないことだと、みんな知っています。うそをついてはいけないと、みんな知ってはいるけれど、うそをついてしまう。人の物をとってはいけないと、知ってはいるけれど、つい不法なやり方で富を得てしまう。人をだましてはいけないと、知ってはいるけれど、そのときの気分で人をだましてしまう。怠けてはいけないと、知ってはいるけれど、ついつい怠けてしまう。それが、ごくふつうの人間の生き方なのです。

ブッダはそれを観て「人間というのは、ずいぶん気分よく、悪いことをしているものだ」と言われるのです。なぜそんなことになるのかというと、気持ちがいいからです。うそをつくときでも、どこか刺激的で気分がいい。会社のお金やら、国民の税金やらを、いろんな資料を操作し、ごまかして横領してしまうと、けっこう刺激があって気分がいいわけです。かけ事をやっているときでも、パチンコに熱中しているときでも、酒に依存するときでも、やはり気分がいいのです。

こころの働きはそのようにできているのです。悪いことをするときは、なかなか「これはやってはいけないことだ」とは気づかない。だから、世の中はいっこうに悪いままで、善くならないのです。なぜかと言えば「悪いことをすると気持ちがいい」というこころの働きを発見していないからです。こころの働きを否定して、それをないがしろにして、道徳を説いているから、それを唱えている本人さえも守れないのです。道徳を守れない人が、他人に「汝《なんじ》はうそをつくなかれ」と言ってもなんの説得力もないので、だれも道徳を守る気にはなりません。

そもそも彼らには「どうしてうそをつくことは悪いの？」という問いに答えることができないのです。いくら「人をだましてはいけません」と唱えても、それを言っている本人も適当に人をだましています。そうやって世界中のだれもが「悪いことをしてはいけない」と耳にタコができるくらい言っているのに、人間は悪いことばかりしています。そんな世界で生きているわけですから、善いことをするために人を集めることも、善いことに賛成してもらうことも大変難しいのです。善いことにはすぐ反対する。それが現実の社会です。

しかし、ありのままに社会を観ていけば、問題は解決します。ただ観念的に理念だけを示して「うそをついてはいけません」「隣人を愛するべきである」などと言っても意味がありません。言葉だけなら、だれでもなんとでも言えます。しかし、いくら善いことを言っても、だれも聞く耳などもちません。実際に、それを実行しようとは思わないのです。むしろ、多くの人にとっては、隣人を愛するよりも、隣人をつぶしてしまう方が心地よいのですから。まさに「他人《ひと》の不幸は蜜の味」なのです。

たとえば隣の人が立派な家を建てたとします。しかし、自分にはお金がなくて立派な家を建てることはできません。新築の家があまりにもうらやましくて、その人はひそかに嫌がらせをするようになりました。相手の留守中に石を投げこんで新居の窓ガラスを割ったり、きれいな庭を汚したりする。相手にとっては大変迷惑な話ですが、当の本人は満足気です。それで気分がいいのです。決して素直な気持ちで「なんて美しい庭でしょう。なんて素晴らしい家でしょう」と一緒に喜ぶことができないのです。

そういう人間の心理をふまえないと、人々に善いことをしようと呼びかけてもうまくいきません。だからブッダは言われるのです。「悪いことをするときは、みんなとても気持ちよくやるものです。しかし、悪いことには必ず悪い結果が待ち構えています。自分が行なった行為の結果として、長い間不幸を背負わなければならない。火傷をしたように苦しみ続けるのです」と。

悪行為には瞬間的に心地よい刺激がともなうため、人はその虜になってしまうものです。その刺激に私たちは負けてはいけません。反対に善行為《ぜんこうい》をしたときには、そんな刺激はありません。むしろ、ただ苦労しているだけではないか、おもしろくない、といったマイナスの感情が込み上げてきてしまうのです。

たとえば、ボランティアで障害者の手助けをしようとしても、つい「それよりも映画を観ていた方がおもしろいかもしれない」「友だちと一緒に遊びに出かけた方が楽しいかもしれない」と思うことはないでしょうか。明らかに遊びに出かける方が、たとえいつときであっても心地よい刺激があります。その点、ボランティアをしてもそんな刺激はないし、くたくたになるほど疲れ切ってしまいます。しかし、それが善行為であり、自分自身の幸福にもつながっていくのです。悪行為には瞬間的な刺激があって楽しいのですが、当然、そのつけに私たちはずっと追い回されることになるでしょう。

単純に考えれば「瞬間的な心地よい刺激と長く続く不幸」と「瞬間的な苦しみと長く続く幸福」は、いずれもワンセットで、どちらを選んで生きるべきかということになります。きっとみなさんは後者の道徳的な生き方を選ぶでしょう。人間には、そうやってありのままに物事を観て、決断する能力が必要なのです。この大事なポイントを忘れて道徳を語っているから、だれも「善いことをしよう」という気分にはならない。みんながいくら道徳を説いても、だれも実行しないのです。

世界平和の問題を考えてみても、みんな瞬間的な感情で動いています。それは決して平和のためにはなりません。さらに悲惨な戦争や無益な争いを増やすだけです。どこの国でもテロ攻撃を受ければ、「やっつけてやる。倍にして報復するぞ」という瞬間的な反応を起こします。無知な人ならすぐに考えることです。しかも武力で報復しても結果的にテロはなくなりません。むしろ、テロリストにもっともらしいテロの大義名分を与えてしまうのです。そして、報復合戦を繰り返し、延々と殺し合いが続くのです。

では、どうすれば世界に平和の道を切り開くことができるのでしょう。たとえば、日本がある国から侮辱されたとします。瞬間的には相手の国に同じことをやり返そうという気持ちになります。しかし、ブッダはそれを明確に否定しています。報復という安易な方法ではなく、もっと別な、困難な方法を選びなさいと説かれているのです。

他国に侮辱されたということは、自分たちの国にもそれなりの原因があるのかもしれない。だったら、それがたとえささいな、どうでもいい理由であろうとも構わないから、「申し訳ありませんでした」と謝ってみるのです。「それでは国のプライドが傷つくではないか」という人もいるでしょう。世論も「日本にも自国のプライドがあるのだから、単純に謝ってはいけない」という方向に傾きがちです。しかし、むやみに他国を侮辱する国よりは、わずかな過ちに対しても素直に謝る国の方が品格があります。自分の国から謝ることは瞬間的な苦しみをともなうから、どうしても実行し難い。品格ある国民ならば、勇気を出して、難しい方を選ぶことです。そうすれば、あとには延々と平和な毎日が続くのですから。

　このように「瞬間的にこころが〝やれ！〟とけしかけることをやめましょう」というのが、ブッダの言葉です。悪の特色というのは瞬間的に心地よい刺激を与えて、そのあとからずっと無限に苦しませることです。善の特色は、瞬間的な苦しみをともなうけれど、自分に打ち克《か》つ努力をすることで必ず幸福に導かれていく、ということです。瞬間的な苦しみとは、自分の瞬間的な欲求に克つことの苦しみなのです。それでプライドが傷ついたような苦しみを受ける。しかし、その苦しみに克《か》つことが、幸福への唯一の道なのです。

② 正しいことを言われると嫌になる

下劣な生き方をしてはならない。
怠け者になってはならない。
邪見《じゃけん》に近づいてはならない。
俗世間（の価値）を肥やす者になってはならない。（一六七）

人間のこころを自然に放っておくと、卑しい、汚い、悪いことをしたくなるものです。ただ、そのときどきに生じる気持ちのままに生きようとしても、これは立派な生き方にはならない。逆にとても恐ろしい人間になってしまいます。私たちは自分のこころにある「本当の気持ち」は何か、と観ようとしないからわからないのですが、人間のこころは実に恐ろしい衝動に満ちています。

人間の社会では、その恐ろしい気持ちを少しでも抑えようと、親は懸命に子供をしつけます。人間には必ずしつけが必要なのです。もし、しつけをしなかったら恐ろしいことになるので、小さいときから善悪の基準とか、格好がいいとか悪いとか、行儀の善し悪《あ》しとか、ひたすら親に言われ続けて、なんとか文化人として生きています。それでも、やはり子供はしつけを嫌がります。子供だけではなく、ああしなさい、こうしなさいと言われるのは人間ならだれでも嫌がるものなのです。

これは大事なポイントですから、覚えておいてください。他人から正しい生き方、安全な生き方を教えられると、私たちはとても嫌な気分になります。どうしても「ぜひやりたい」という気分にはならないのです。そこで、人生のいろんな局面で問題を起こします。子供のころはお母さんやお父さんを「鬼」呼ばわりしてけんかをする。学校でも先生たちに逆らってけんかをする。でも社会人になったら嫌いな上司に対して「あいつは鬼だ、大嫌いだ」とは言えませんから、精神的なストレスがたまって、仕事にも能力を発揮できなくなって苦しくなる。トラブルだらけの人生を生きる羽目になるのです。

それはなぜか。こころはもとから卑しい、汚い、悪いことが好きだからです。人から正しい道、正しい生き方を言われるのは嫌なのです。しかし、その嫌なことにどれだけ忍耐できたかによって、立派な社会人になれるか否かが決まるのです。親のしつけにどれだけ忍耐できたか、会社で上司の指導をどれだけ忍耐強く受け止めることができたか、によって社会人としてどれだけ成功するかが決まります。嫌な話だと思うかもしれませんが、そうしなければ立派な社会人にはなれないのです。

現代を生きていく上で、私たちは「こころの法則」をよく理解した方がいいと思います。「こころは悪いことが大好きで、悪いことしか好まない」と。自分がこころの恐ろしい感情にどれだけ克てるのか。そこが人生の勝負です。自分が克てた数だけ、成功した社会人として穏やかに生きていられます。もっとも、自分のこころに完全に打ち克ったら、人は悟りを開いてしまいますが……。

恐ろしい感情に満ちたこころを完全に治すには、冥想《めいそう》をして悟る道しかありません。しかし「悟る」ということまではなかなか期待できませんから、何か自分を守る方法はないのかと、ブッダの教えに耳を傾けてみた方がいいと思います。

ブッダの勧める一つの方法は、自分自身にプライドをもつことです。「自分は決して情けないことはしない。品格をもって格好よく生きてみせるぞ」と決めて、上品な気分になってみることです。「自分は生まれつき品格のある人間なのだ、それに適さない、そぐわないことは絶対にしない」とこころに決める。その辺のだらしない人間ではなくて、だれよりも優れた人間になるのだ、というプライドをもって生きるのです。

しかし、それは自分はお金持ちの息子だとか、自分の親は有名人だとか、そういう俗世間の間違ったプライドとは違います。それは自己破壊を招くだけです。ブッダが勧めるのは、人格的なプライドをもつことです。たとえば「私の家は貧乏ですが、だからと言って私は絶対にお金の力には屈しない」といった気概をもつことなのです。人格的なプライドをもつと、しつけをされることがまったく嫌ではなくなります。あれこれと間違いを教えてもらうと「教えてもらってよかった」とありがたく感じてしまうのです。会社に入って先輩や上司から厳しい指導を受けても「これで自分はこの職場で仕事ができるようになれる」と喜べるのです。先輩からしつけられることで、自分の人格的なプライドが守られるのだと理解できるのです。

次に大切なことは、怠けないことです。時間は常に流れていますから、人生はいつでもテレビ番組の生放送のようなものです。それをビデオやDVDに録画をしてから、何度も繰り返し編集し直すわけにはいきません。だから秒単位でやるべき仕事をしなければいけないのです。それができないと「おまえは失敗した」と言われますから、そこで人格的なプライドが傷つくのです。怠けて失敗した場合は、しつけられるのではなく、しかられることになります。しつけはありがたいけれど、しかられるのはとても恥ずかしいことです。人生に成功したければ、しつけにはこころから感謝して、しかられることをとても嫌がることです。そういう生き方をするなら、怠けることはできなくなってしまいます。

それから、世の中にはびこっているおかしな考え方（邪見）に振り回されないことです。もちろん、人格的なプライドをもっていれば安心です。おかしな考え方は決して頭に入りません。反対に人格的なプライドがない人は非常に危険です。異常なまでに欲望を刺激するマルチ商法やカルト宗教、金銭目当ての自己啓発セミナーの渦に引き込まれ、恐ろしい暗示をかけられたり、洗脳（マインド・コントロール）されたりしてしまうからです。すると、どんな危険なことでも、どんなに恥ずかしいことでも、どんなに悪いことでも、人前で平気でやれるロボットのような人間になってしまうのです。しかし自分は情けないことを絶対にしない、という人格的なプライドをもっていれば、決してロボット化されずに自分自身の力で生きていけるのです。

四番目のアドバイスは、世の中のどこにでもいるような人間になってはいけない――「ありきたりの人間になるな。一般人のレベルを乗り越えよ」ということです。その辺のだれもがやっているようなことで、認められたり褒《ほ》められたりするのを期待するのは、これもプライドのない生き方です。みんなが近寄れないほど自己を向上させ、特別な人間になってしっかり生きること。それがブッダの勧める生き方なのです。

③

こころは川の流れと同じ

工人《こうにん》は水を灌漑《かんがい》する。
矢を作る職人は矢を矯《た》める。
大工は木材を矯める。
理性ある人は自己を整える。（一四五）

この偈には こんな因縁《いんねん》物語があります。その昔、サーリプッタ尊者《そんじゃ》のところにスカという子供の沙弥《しゃみ》がいました。まだ幼いスカはとても好奇心がおう盛です。托鉢《たくはつ》に出かけると、尊者に「あれは何？」「これは何？」と質問をしました。

スカが最初に見かけたのは、人々が田んぼに水を引く光景でした。きちんと田んぼに水が入るように、農民が汗水を流して作業している姿を見て、スカは質問をしました。「あのおじちゃんたちは、何をやっているの？」。尊者は、「ああやって、田んぼにきちんと水が流れ込むように、水を管理しているんだよ」と答えました。

次に、矢作りの職人のところに托鉢に行くと、職人がいくつもの工程を経て、矢を作っているのを見かけました。スカが尊者に「あれは何？」と尋ねると、尊者は矢の作り方について、いろいろ説明してくれました。曲がっている枝をもって来て、あらゆる工夫をして、これをまっすぐにしてバランスのとれた矢を作るのだと。

それから大工のところに行ったときも、スカは尊者に「このおじちゃんたちは、何を作っているの？」と説明を求めました。「丸太を切ってきて、それを鉋《かんな》で削って、いすや机など生活に必要なものを作っているのだよ……」。大工の仕事について語り終えると、偉大な尊者はこう言葉を続けました。「同じように、いい子は自分のこころをきちんと整理して育てるんだよ」。感動したスカは、「じゃあ、自分はこころを育てるぞ」と決心し、その日から一所懸命に修行して悟ったのです。

この物語で紹介されているエピソードにはそれぞれ意味があります。まず最初にスカは田んぼの水について質問します。川の水というのは、自然のままに放っておいただけでは、生活の役には立ちません。しかし法則に従って水を管理すると、あらゆる面で私たちの生活に役立ちます。だから放っておくのではなく、論理的に管理するのです。川にダムを造って水を管理すると発電ができるし、畑や田んぼもうるおいます。川の水をきちんと管理しておけば、水害も防ぐことができるでしょう。あまり雨が降らない土地でも、たまたま降った雨水をためておけば、生活の役に立ちます。だから、この自然の流れを論理的に正しく管理すると、とても幸福になれるのです。

矢を作る場合も同じです。自然では役に立たない木の枝などをきっちりと矯正すれば、まっすぐに飛ぶ矢になるし、自然のままの木材をそれなりに加工することで、大工さんは人が住める家やいろんな家具を作り上げます。人間のこころも同じようにきちんと整えて、自分の生き方を管理すれば人々のために自分自身を役立てることができるのです。

　では、こころを管理しなかったらどうなるのでしょうか。それは自然のままに放っておくことを意味します。人間は外の物質をいじることにはとても興味がありますが、自分のこころを戒めることにはなんの興味もありません。こころを生まれたままの状態で放置しておけば、川の水と同じく、ときどき凶暴になって洪水を引き起こします。雨が降り続ければ、川の水ははんらんし水害をもたらします。反対に日照りになるとからからに乾いてしまいます。こころの働きも同じで、管理をしなければ何一つ役に立たないのです。こころという流れがあるけれど、自然のままではどうしても役に立たない、自分を害するような悪い方向にしか流れていかないのです。

　世の中ではだれもが感情をコントロールできなくて、すぐに理性を失ってしまう。何をするにしても、むき出しの感情で行動するのはとても危険なことなのです。だから常にブレーキをかけておいて、ハンドルをしっかりと握って、理性にもとづいて、善い結果が出るように、こころの管理をしなければいけないのです。

なぜ世の中でけんかや争いが絶えないのでしょうか。何時間、何日間、何年間、話し合っても、物別ればかりで結論は出ないし、調和も生まれません。つまり、ただ話しているだけで、きちんと自己管理をしていないのです。自分を管理しているならば、人生は善い方向にいくのです。世界平和が実現しないのはなぜかといえば、みんなが感情的に行動するからです。自分の財産を侵害されたから、相手からも奪ってやるなどと、突発的な感情に流されて行動すれば、世界の政治や経済にとって必ず危険で好ましくない結果を招くことになります。

感情をきちんと整えてコントロールしておけば、私たちは想像できないほどの善い結果を得られます。怒り、憎しみ、嫉妬、見栄、高慢……。そのような感情に自分のこころが支配されたら最悪です。逆にそういう感情を抑えて、理性を表に出して生きてみたらどうでしょうか。そうすると私たちはいつでも、平和的に問題を解決することができます。

たとえば相手から一方的に危害を加えられ、私が反撃したとします。その場合、「相手の方が悪いのだから仕返しするのは当然だ」というのが世間一般の論理です。相手を完全に悪人だとみなし、自分はまるで正義の人であるかのように悪人を退治するわけです。でも、それは決して智慧のある行ないではありません。もう少し理性的に考えてみましょう。もちろん、自分だけでなく相手も認めるような解決案でなければ意味がありません。私たちが感情をきちんとコントロールできたならば、必ず問題解決の糸口が見つかります。

人間関係の問題も同様です。スカが見た職人さんの話のように、物事を論理的に組み立てなければ何もうまくいきません。なりゆき任せでは正しい人間関係を築くことなどできないのです。

夫婦のケースにしても、若いときにお互いの魅力にひかれて結婚したからといって、すべてがうまくいくとは限りません。婚姻届ぐらいは簡単に出せますが、夫婦の関係というものは毎日毎日の生活を二人できちんと組み立てて生きていかなければ成り立ちません。

自分の感情だけを押し通してみたり、相手の感情に押し通されてみたり、そんな生活を続けていたら、たちまち夫婦の関係は壊れてしまいます。わがままも怒りの感情と同様に、ウィルスのような猛毒をもっているからです。だから、常にお互いにとって一番いいことは何かを考えられれば、自動的に答えが出てくるのです。

人間というのはいつでも、あれこれと目的や結果について考えていますが、なかなか自分で思い描いていた結果にはいたりません。ほとんどの場合、自分が望んでもいない結果になってしまうものです。

世界中が頭を悩ませているテロの問題でも、「テロリストを根絶するぞ」と言って攻撃した結果、どんどん事態は悪化しています。テロリストは悪人だからつぶすという考えは、無知な人間の頭にも浮かんでくるものなのです。それは正しい答えではありません。

もうちょっと深くいろいろなデータを把握して、怒りや憎しみの感情ではなく、理性で物事を考えると、だれもが納得できる答えがたちまち見つかるのです。

その答えとは——。この地球上に生まれた限り、私たちは宗教や宗派がなんであろうと、国や民族が違ったとしても、平和で豊かに生きる権利があります。その基本的な権利を守ろうと考えれば、自然に答えは出てきます。そのためには、お互いに少し自己管理が必要です。お互いに感情を引っ込めて「自分の権利は奪われていないのだから、向こうの権利も奪う必要はない」と理性的な思考を表に出すと、ずいぶんと穏やかになって落ち着きます。そうした自己管理こそが平和を築くのです。

④ 悲しみと恐怖の生みの親

渇愛《かつあい》から悲しみが生まれ、渇愛から恐怖が生まれる。
渇愛から自由になった者に、悲しみは存在しない。
どうして恐怖があろう。（二一六）

仏教には「渇愛」という言葉があります。「愛」というのは「欲しい」ということ、「渇」はのどが渇《かわ》いている状態ですから、渇愛とは「もっと欲しい」という意味になります。この渇愛は人間のこころの中で、「もっと欲しい」という思いがずうっと続いている状態です。私たちには欲しいものがたくさんありますし、それを得たからといって「はい、これで終わった」「もう充分だ」「ああよかった、満足した」という気持ちにはなれません。「もっとあれがしたい」「もっとこれが欲しい」という気持ちが残ってしまうのです。いろんな物事について、「渇愛」というこころの渇いた状態「執着《しゅうちゃく》」があるのです。

執着とは要するに「欲しい」という気持ちです。この気持ちがけっこうくせもので、それによってあらゆるトラブルが生じます。たとえば、自分はこういう理由でお金が必要だから、ばりばりと仕事をしてそのお金を手に入れようとします。この場合、理由もなく、とにかくお金が欲しくてたまらないという気持ちではないので、そこまではいいのですが、いざ、働いてお金が手に入ると「これじゃ足りない、もっとお金が欲しい」という気持ちが膨らんでしまうのです。「これで満足」という状況にはなりません。まだ足りないという気分なのです。これが「渇愛」です。

渇愛があると、貧乏思考はずうっと消えません。「もっとあれがあったらいいなあ」と思うということは、まだこころが満たされていないわけです。だから渇愛がある限り、永久に貧乏な気分で、惨めな気持ちでいなければいけない。これがまず最初に現われてくる問題です。

こんな例もあります。自分の子供は頭がよくて勉強しているのですが、母親が「この子はもっと勉強した方がいい」という気分になってしまう。これも貧乏思考なのです。そうなると幸福なのに充実感を得られない。私たちはいろいろなものを欲しがって努力をしますが、決して全部得られるわけではありません。期待や希望はたくさんあって、必死で努力をするかもしれませんが、成功する人間はほんのわずかです。努力をすればするほど、自分が成功する確率はとても低いことがよくわかってくるので悲しくなるのです。

だれかが科学の世界で研究者になりたいと思って、必死で昼も夜も勉強して研究に打ち込んだとします。そうやって研究者として一人前になって成功したところで、彼が何を発見するかというと、「自分はほんの小さな範囲の研究しかしていない」という事実に気づくのです。膨大な科学のごく小さな分野に入り込んで、その研究では成功しています。しかし、「自分はこの分野の専門家だが、知らない世界は限りなくあるのだ」とわかってしまう。「他の研究者や科学者たちがやっていることはすごい。それに比べて自分がしていることはなんてちっぽけなんだろう」と悲しくなるのです。それは「もっといろんな発見ができれば……」という気持ちがあるからです。「まあ、このくらいが人間一人分の仕事だよ」と思えるならば、悲しくはなりません。しかし、だれでもそうは思いたくない。人間一人分ではなく、人間千人分ぐらいの仕事をしたいのです。

もっと身近なたとえでいえば、自分の子供をとてもかわいいと思うこと、これも渇愛なのです。かわいくて、かわいくて、心配でたまらなくなってしまうのです。子供が少年野球の試合に出て負けただけでも、親は悲しくなってしまうのです。それは犬や猫を飼っても同じことです。渇愛が悲しみを作る。これは避けられないことなのです。

それだけでは済みません。渇愛は恐怖感も生み出します。もっとお金が欲しいと思う人が、大金を手にしたとき、次に待っているのはそれを失ってしまう恐怖感です。お金に限らず、いかなるものであっても私たちが得たものはすべて、決していつまでもそのままの状態で止まっていてはくれないからです。

渇愛は「自分の好きなものが、好きな分だけ得られない」という悲しみも作ります。たとえ何かを得たとしても「世界にはもっとすごい人がいる」ことが見えてしまってまた悲しくなる。「あんたが得たものはほんのわずかで、得てないものはたくさんあるのだよ」ということを、この渇愛が見せてくれるのです。そうすると、悲しくならざるを得ない。惨めにならざるを得ない。こうした悲しみや恐怖感によって、人間は精神的な病気になってしまうのです。

どんなものでも必ず変化して、いつかは消えてしまいます。「家族は楽しい」と思うのも、ある一時期だけです。永遠不滅の家族というものはなくて、家族の形も刻々と変わっていく。だから、どの時期の家族が最高に楽しいのか、わからない。結婚して間もないうちが楽しいのか、赤ちゃんが生まれた時期が楽しいのか……。「結局大変でした」と言うだけなのです。「赤ちゃんがいると大変ですけど、少し大きくなったら楽になるのではないか」と思うのですが、実際に子供が成長すると、「赤ちゃんのときはもっとかわいかった。今はわがままばかりで……」と失望してしまう。一人前の大人になれば家を出て行ってしまうし、本当に寂しいことばかりです。

寂しさ、悲しさ、恐怖感、すべての精神的な病気、生きる苦しみ、悩みというものは、「渇愛」という働きによって生み出されるものです。ですから、何事に対しても「もっと、もっと……」という欲求を捨ててしまえば、それで問題は終わります。ブッダも「渇愛を置いておきなさい」と言われています。何があっても穏やかに冷静に、どんな条件にも対応できる状態でいたいならば、「渇愛」という病気の種を捨てるしかないのです。それを捨ててしまうと、恐怖感や悲しみ、そして苦しみなど精神的な病気は何一つなくなってしまうのです。

この世界が苦しみにあふれているのは、私たちが渇愛を捨てられないからです。「あれがもう少しあれば……」という気持ちが、地球規模の大きな問題を作りだしています。「これでは足りない。もっとあれが欲しい」という渇愛に突き動かされて、人と人が争い合っています。国と国が争って資源を奪い合っています。どちらも苦しんでいます。現代では中東で石油をめぐって悲惨な戦争が起きていますが、石油があっても苦しんでいるし、なくても苦しんでいる。問題を起こしているのは、私たちのこころにあるほんのわずかな渇愛、「もっとあればいいなあ」という気持ちなのです。それが恐ろしい苦しみを作りだすのです。だから渇愛さえなければ、悲しみと恐怖で精神的な病気になることもない。想像もできないほど、楽しく生きられるのです。

⑤ すべての生命は病んでいる

病気の世の中で、健やかに楽しく生きよう。
病気に悩む人々の中で、
健康な人間として生きてゆこう。（一九八）

あせって悩む世の中で、
落ち着きを保って楽しく生きよう。
あせって悩む人々の中で、
落ち着いた人間として生きてゆこう。（一九九）

最初の偈で言っているのは、人間を含めたすべての生命は病気だということです。仏教で病気という場合は、精神的な病のことであって肉体の病はあまり気にしません。あらゆる生命は精神の重病を患って、末期状態で倒れている。健康はどこにもない。自由に考えたり、独立したりする暇も余裕もない。末期のがん患者がベッドに倒れてしまうと、苦しみのあまりもう何かをする余裕を失います。その病気で死ぬことは決まっていて、生きる自由はひとかけらもない。それと同じく、過去も現在も未来もこの世間に転《てん》生《しょう》してしまう生命は、仏教的に観れば、もう立ち上がれないほどの病気で倒れている状態だというのです。輪廻《りんね》の中にいる生命は、それくらいこころが病んでいるのです。

精神的な病気とは具体的に何かと言えば、まず第一が「欲」です。欲があると、なんとか欲を満たそうとして欲の奴隷となって走り回らなければいけない。他には何も考える余裕がないのです。第二に「怒り」があります。とにかく敵を作ってさまざまなものに衝突して、攻撃してつぶしてやろうとする怒りの病気です。第三にどうしようもない「無知」という病気があります。この三つを仏教では「貪瞋癡《とんじんち》」と言っています。人間の精神状態はこの三つの感情によって完全に抑えられていますから、その感情を超えた次元で物事を考えて行動することができないのです。

たとえば、仏教徒の立場から私が「欲はいけない」と言っても、たちまち「そんなことを言われても困る」と反論されます。「怒ってはいけない」と諭しても、「悪いやつがいるのだから、怒らなかったらもっと調子に乗って大変なことになる」ともっともらしい反論が飛んできます。そこからわかることは、世の中には欲を満たす、怒りをぶつける、という道しかなくて、他の考え方は出てこないということです。貪瞋癡の方向にしか頭が働かない。そういう人々を仏教では「精神の重病で倒れて寝込んでいる人々」と言うのです。

それならば、がんばって立ち直りましょう、健康的になりましょうと言うのが正しい対応ではないでしょうか。「一緒に死にましょう」では答えになりません。たとえば、あなたがある村を通りかかったところ、すべての生命が伝染病にかかっていてひん死の状態だったとします。そこであなたがとるべき正しい対応は「みんなが死ぬのなら、私も一緒に死にましょう」ではなく、「自分は伝染病にかからないようにしなければ……」と気をつけることです。あるいは洪水で川岸の村が次々に流されているとき、

「もう全部流されてしまいますから、あなたも川に飛び込みなさい。それこそ賢い選択だ」と言う人はいないでしょう。「流されないように離れていてください」と言うのが正しい対応です。

精神的に弱くて独立精神がない人々は、社会にも歴史にもなんら貢献できない、一つの生き方に固執しています。すでに「みんながやっていること」をやろうとするのです。それではまったく社会は発展しません。みんながせっせと同じことをして、「はい、終わりました」では歴史に書くこともなくなってしまいます。それは日本の社会に広く浸透している〝礼儀〟かもしれませんが、「みんながやっていることをやる」のは、とんでもない〝腰抜け〟の考え方です。一般の社会でも、他人とは少々違ったことをやる人こそが歴史に残るのです。だから仏教徒の立場から言えば、みんながやっていることではなく、「革命的に正しいこと」をやる勇気をもってほしいのです。自分がやろうとしていることが賢者の認める正しい行為ならば、何も心配する必要はありません。成功すれば最高に素晴らしいことだし、もし成功しなくても、正しい道を歩もうとした努力は賞賛されます。ですから、いっさいの生命が精神的な病で倒れているけれども、自分は病気から立ち直って健康的に生きよう、輪廻という重病から抜け出す道にチャレンジしてみよう、と明るく励むことです。

あせって悩む世の中で、落ち着きを保って楽しく生きよう。
あせって悩む人々の中で、落ち着いた人間として生きてゆこう。（一九九）

この二つの目の偈は「あせって悩む」生き方の無意味さを教えています。どんな生き物でも、よく観察してみると、とても忙しく動き回っています。人間は自分たちが忙しいということにいろいろな言い訳をしていますが、たいそうな理由はどこにもありません。その証拠にまず動物を観察してみましょう。彼らはなんと忙しいことか。動物たちはものすごく忙しく、絶えず素早く動いています。決して落ち着いてはいません。そして、その「忙しい」という気持ちは、ものすごい苦しみであり、強烈なストレスです。それは精神的な空白感——空《むな》しさを感じて生きることを意味します。虫も魚も鳥も動物も人間も、みんな忙しく動き回って強烈なストレスをため込んでいるのです。「忙しい」というと、善いことではないかと思われるかもしれませんが、本当は精神的なあせりを「忙しい」という言葉で隠しているだけなのです。

ブッダはにこっと笑って、私たちにこう問いかけます。「あなた方はとても忙しいですね。では何か大事なことでもやっているのですか」。もちろん、私たちは何もやっていません。それなのに忙しいのはなぜか。五欲を満たすために必死になっているからです。五欲というのは（一）見るものを探す（二）聞くものを探す（三）味わうものを探す（四）かぐものを探す（五）体で触れるものを探す、というだけのことで、そのために忙しいのです。

ときどき、必死に忙しく働いて、膨大な財産を築く人たちを見かけます。しかし、彼らが一生かかってもその財産を使い切ることはできません。ライオンが力に任せて動物を何十頭も倒したところで、全部食べ切る前に腐ってしまうでしょう。人間がお金をもうけることも同じなのです。百年たっても、二百年たっても使い切れないくらい財産を増やす人もいますが、忙しくて自分でお金を使う暇がないのです。お金もうけに忙しいから、ヨットを買っても乗る暇はないし、いくつも別荘をもっているのに、そこでのんびりと過ごす暇がない。ごはんを食べるときでさえ、十万円もする料理に平気でポンと代金を払えるのに、食べる暇がないからサンドイッチをかじりながら仕事をしています。

だから、いくら忙しい、忙しいと言っても、結局は無知に沈んで終わるだけの話なのです。この地球の土をあっちからこっちに運んだようなものです。自分が死んだらすべてを手放して、自分も土に戻らないといけない。膨大な財産を築いて何になるのかと言えば、何にもなりません。ただ忙しいだけなのです。そうやって限りなく忙しく生きて、極端に精神的ストレスをためて、こころの空白感を抱え込んでしまう。すべての生命は、その空白感に悩まされて生きているのです。

ブッダは、「その中にあって、なんの忙しさも感じないで穏やかにいようではないか、満たされた気分でいようではないか」と提案されています。食事をするときは、体を維持するために必要なものだけを食べれば気楽なものです。グルメに生きようとしたら一生、忙しくて苦しいのです。目の機能はいのちを守るために必要ですから、その程度に使えばいい。それが「美しいものを見なければ」ということになってくると、とたんに忙しくなるのです。耳も人と会話をしたり危険を察知したりするためには必要ですから、その程度に使えばいい。教養を身につけるために「美しい音楽を聴かなければ」と音楽の世界にのめり込んだら、もう忙しくて切りがありません。

五欲を探し求めることに人々は必死です。忙しい人生には一瞬たりとも休みがありません。それは無知な生き方です。必死になって五欲を追って探し求める必要はどこにもないのです。そのことを理解して、いのちを支えるために必要なものを適当にそろえて生きればいい。五欲を追う忙しさから離れ、落ち着いて、清らかなこころを育てようと励むならば、私たちは初めて「忙しい」という呪縛《じゅばく》から逃れることができるのです。

⑥ 欲望の限りを尽くしても……

たとえ貨幣の雨を降らせても欲望は満たされることがない。

「もろもろの欲望はほんの少しの楽しみと巨大な苦しみをもたらすものだ」と賢者は知っている。（一八六）

彼は天上の喜びさえも欲しがることはない。
ブッダの弟子は渇愛の滅（涅《ね》槃《はん》）を楽しむ。（一八七）

本能のままに生きる。それは欲を満たすことしか考えられない人間の生き方です。それ以外のことは何も考えずに、そのときそのとき、その瞬間その瞬間に欲を満たそうとする。何かおもしろい出来事はないか、何か楽しいことはないかと、人間はいつでも探し回っています。ただ、そのときどきの欲を満たそうとする――これではえさを探し求めて野原を歩き回る動物と同じです。

何かを聞きたくなったら、それを聞く。何かを見たくなったら、それを見る。何かを味わいたくなったら、それを味わう。体で何かを感じたくなったら、それをやってみる。頭の中でもいろいろとくだらないことを考えてしまう。本を読むことだって、そういう欲を満たすためです。頭になんとか刺激を与えて「ああ気持ちよかった」という満足感を味わいたいのです。だから知識を求めることも欲なのです。

あれも知っておきたい、これも知っておきたい、とやたらに何かを知ったところで、自分の人生にそれほど役立つものではありません。結局「私は科学も知っている、医学も知っている」と自慢したいだけです。勉強しなければいられない、本を読まずにはいられない、というのも一つの欲なのです。もっとおいしいものを食べたい、きれいなものを見たい、なんとかして体にいろんな刺激を与えたい……。これが私たちの生き方なのです。

そこで覚えてほしいのは、欲は決して満たせない、という事実です。満たせないことをやっても切りがありません。他のことをやる余裕がなくなってしまうのです。人間は「お金さえあればよい」と思っています。しかしブッダは「小判が雨のごとく降っても、欲は満たされませんよ」と説かれています。

欲というのは、それを満たそうとすると、ますます膨張するものです。一万円がなくて困っている人が一万円を手に入れれば「ありがたい」と思いますが、実際に一万円が手に入ると「やっぱり五万円ぐらいあった方が、あれもこれも買える」という気持ちになってしまうのです。そこで五万円を手に入れると、今度は十万円が欲しくなります。自分の欲しい金額は大きくなる一方です。

だから「小判が雨のごとく頭の上に降っても欲は満たせない。欲を満たそうという道を歩むなかれ」とブッダは説くのです。欲を満たすことは楽しいことです。しかし、そのためにどれくらいの苦しみを味わわなければいけないか、ということも考えないといけません。

たとえばサッカーのワールドカップを観戦したい、とやっとの思いで入手困難なチケットを手に入れたとします。ホテルを予約し開催国まで足を運んでも、試合を観戦できるのはわずか九十分です。そのために一年も前から計画を立てなければいけない。そんなことをしてまでも熱烈なサッカーファンは「ワールドカップが楽しかった」と言って日本に帰ってくるわけです。

でも、それは人生の本質的な楽しみではありません。ワールドカップの記念品やお土産、それに入場券の半券などを保存しておいて友人たちに自慢話をする。そういう楽しみというのは、実体のない妄想《もうそう》であり、実際はほんのちっぽけな楽しみでしかないのです。映画を見ても、音楽を聞いても、おいしいごちそうを食べても、もう何を楽しもうが、決して満足することができないのです。

ほんの少しだけ楽しい気分を味わえるからといって、人間は必死に欲を追っていきます。でも、それで本当にいいのでしょうか。どんなに自分の欲望を満たそうとしても、決して満たせない——ざるで水をくんでいるようなものです。必死でくまないと、わずかな水も得られないのですから。欲から得られる喜びはとても少なくて、本当は苦しみの方が多いのです。そういう事実を客観的に見つめなければ、私たちはいつまでも欲を追いかけて生きることになります。

さらに仏教の世界では、「たとえ天国の喜びさえも好んではいけない」と教えています。天国では仕事をすることもないし、必要なものは全部そろっています。だから苦労もなく喜んでいられますが、それさえも好んではいけないのです。なぜならば、欲は満たせないということは天国に行っても同じだからです。この世でもそれほど欲を満たせないし、天国に行っても満たせない。私たちを苦しませているのは、常に渇愛と欲なのです。

私たちのこころの中には、がん細胞のように「もっと欲しい」という渇愛が寄生しています。もっと欲しい、もっとやりたい、あれだけでは満足できない、という気持ちが寄生しているのです。

仏弟子は、こころに寄生している、この渇愛を引き抜くことを考えます。「渇愛がなければ、それで平安だ。苦しまないのだ」と。たとえ目の前に金銀財宝を差し出されても、札束をもってこられても、「別にそんなものはいらないよ」と思える人にとっては、とても楽なことです。

そもそも私たちは「欲を満たすことは不可能だ」と理解していないから、地球上のあらゆる資源を食い荒らして、自然を破壊しているのです。欲を満たすためならば、どんなに苦しいことでも、どんな罪でも犯してしまう。ときには人殺しもいとわない。ついには戦争まで引き起こします。でも、それで欲が満たされたかというと、もっと大きな問題を作っただけです。だから、欲を満たす道というのはさらに欲が増える道で、さらに苦しむ道なのです。

おいしいごはんを食べたいという小さな欲を満たすためにも、人間はけっこう苦労しているのに、あれこれといっぱい欲をもって、自己破壊をして世界をも破壊する。欲を満たすために、すべてを破壊し罪を犯すのです。すべてを破壊し尽くしたら、もうだれもこの世で生きることはできません。生きていて欲を満たしたいはずなのに、結局は生きていられなくなってしまうのです。

欲を満たすために罪を犯す。それによって自分の人生はさらに苦しくなります。不幸に陥って輪廻転生し続けます。欲を満たす道は、危険な苦しみの道なのです。しかし、こころに寄生している渇愛をとり除いてしまえば、幸福への道を歩むことができます。仏教はそれを実践しているのだということを、この偈では説いています。仏教の目的は、欲を満たそうとあがく不毛な生き方を離れ、渇愛を引き抜くことなのです。

⑦ 人間は自分が大好き

もし自分を愛しい者と知るならば、
自分をよく守るように。
智慧のある人は、人生の三期のうち、
一期だけでも自己を修めるものである。（一五七）

「自分のことが大好き」という人が増えています。他のことには興味がなくて、とにかく自分が大好きだという現象です。何も、現代人が特別にわがままになったというわけではありません。これは生命の原理であって、生命たるものはすべて、自分自身が一番好きなのです。「私は自分のことよりも家族のこと、あるいは国のことを心配する」という人もいますが、それはあまり正直な言葉ではありません。むしろ事実からかけ離れています。

何よりも生命は自分のことが好きです。国を守るよりも先に自分を守ろうとします。まれなケースとして、自分のいのちを犠牲にして家族を守ることもないわけではありませんが、それは家族にものすごく執着があって、家族なしには自分も生きていられないと思っているからです。自分のいのちに喜びを与えて支えてくれたのは家族だから、必死になって家族を守ろうとするのです。

もう一つ、遺伝的に考えると、私たちは遺伝子の奴隷になっています。つまり、なんのために生きているのかというと、次の世代に遺伝子をつなげるためだけにがんばっているわけです。遺伝子のいいなりになって、新しいいのちを必死で守って育てる。そういう本能、感情に縛られて、一生涯を終えるのです。頭を使って考えれば、なんの意味もないことです。

海にいるタコを見てください。タコは数ヶ月も絶食して、卵を守って守り抜いて、卵がふ化を始めたら、もう死んでしまう。だから一生に一回だけしか卵を産まないのです。しかし、タコが必死になって卵を守ってふ化させたとしても、そのタコの一生は「大人になって一回だけ卵を産んで死ぬこと」に変わりありません。

人間の世界でも親はわが子に向かって、「自分の人生はどうでもいいから君は立派な大人になってくれ」とか言うけれど、その子供がどんな大人になるのかといえば、自分と同じなのです。自分を犠牲にして家族を守りたいというのは、まじめに考えた結果の行為ではなく、ただの感情、本能、遺伝子といったものの奴隷になっているだけのことです。

もしも自分のことが大好きだったら、「自分を守る」ということはとても大事な仕事です。問題は自分のことを好きだという人々が、実際には自分を守ろうとしないことです。特に現代人は自分のことしか考えません。「やるべきこと」ではなくて、「やりたいこと」だけを実践して生きようとします。その生き方によって周りに迷惑をかけても知らんぷりで、他人のことはどうでもいい。社会のことなんか興味がないのです。そういう生き方をすると、結局は自分が社会で生きられなくなります。ですから、わがままに生きる人は、自分を守っていないのです。その矛盾に目を向けてほしい。本当に自分が大好きだったら、どうか自分を守ってください。自分が大好きだと言いながら、自分を破壊に導くのは明らかに矛盾しています。

仏教では、まず自分を守るために「みんなにやさしくしなさい」と説きます。「うそをついて人をだますなかれ」と戒めるのも、うそをついて人をだませば自分が守られなくなるからです。当然、だまされた側は恨みをもって、だました側を攻撃するでしょう。「生命を殺すなかれ」という戒めも自分を守るためです。この世に生まれたときから、自分が殺されることを常に待ち望んでいる生命などどこにもいません。だから攻撃されたら殺されないように反撃するのです。しかし、結果的には敵を殺すことで、どんどん敵の数が増えるのであって、決して自分を守ることにはなりません。このように仏教は最初から「自分を守る道」を教えているのです。

どうすれば自分が安全に生きられるのか、社会から攻撃を受けないで済むのか、自然から攻撃を受けないで済むのか……。私たちはこうしたことをよく考えて生きるべきです。そして、死んでからも不幸にならないように、よりよいところに生まれ変われるように、計画を立てて生きなくてはならないのです。

世の中には「人は死んだら神や仏になる」という考え方があります。仏教徒の立場から言えば邪見です。それ自体が自己破壊的な考え方だからです。死んだ人が神や仏になるというならば、この世でどんな生き方をしてもよいことになります。これは仏教の教えに矛盾します。それに私たちがただ死ぬだけで仏や神になり、人々から拝まれるのであれば、なるべく早く仏や神になった方がいいでしょう。これでは早く死ねばいいというおかしな話になってしまいます。そういう何気ない思考の中にも、人類を破滅させるような概念が入っているのです。

世の中のあらゆる物事は、私たち一人ひとりの勝手な都合に合わせて動いているわけではありません。すべては因果の法則に従って動いています。何事も必ず原因があって、結果が生じているのです。まじめに勉強すれば頭がよくなるし、まじめに仕事をすれば収入が得られます。反対に仕事もろくにせずパチンコばかりしていれば、瞬く間にお金がなくなります。さらに借金までして、ひどい目に遭います。また体とこころはそれぞれが別々に因果の法則に従って動いていますから、自分の好きなものばかり食べていると、とたんに健康を害します。だから自分のわがままで生きることはできません。わがままを表に出すと自己破壊を招くのです。

「世の中は因果の法則に従って常に変化している」と理解している人は、きちんと自分を守って生きています。だからブッダは「自分を守ることは正しい。なぜならだれでも自分のことが大好きだからです」と言われるのです。これは真理です。

自分がいるから他人の存在に気づく、自分に目があるから世の中が見える、自分に耳があるから人々の声も聞こえる……。結局、自分の存在があるからこそ、他人の存在も気になるのです。自分のいのちが他の存在と絡み合って成り立っていることがわかれば、平和主義を堅持し調和を守っていくことができます。他人をだますことも殺すこともやめて、常に思いやりをもって世界の平和を守って生きていく。それこそが自分を守る唯一の道なのです。

それでも過ちを犯してしまったら、どうすればいいのか。「若いころにばかな生き方で失敗したならば、もう終わったことだからそれは忘れなさい。中年のときにしっかりしなさいということです。中年のときにろくでもない人間だったなら、終わったことはいいから、老年のときにでもしっかりしなさい。自分を守りなさい」とブッダは説かれています。

だから仏教では「過去に過ちを犯してしまった」「若い時分にはずいぶんと悪いことをしてしまった」と悔やむことさえ認めていません。「若いころにあまり勉強しなかったから、こんなことに……」といったことも認めません。今さらどうすることもできないことを考えても仕方がありません。これからどうするのか、ということを考えることが何よりも大切です。それが自分を守る方法なのです。人生を大きく分けると、青年、中年、老年という三つの時期があります。そのいずれかの時期に、私たちがしっかりと生きる道を定めれば、そのあとの人生はしっかりします。もちろん、それは早いに越したことはありませんが、後悔したりあきらめたりせず、気づいたときからしっかりすることが大切なのです。

第2週

人生苦と向き合う

① なぜ鉄は錆びるのか

鉄から生じた錆《さび》が、鉄自体を崩壊させるように、
自分の行ない（業）が、
罪を犯した自分を不幸へと導く。（二四〇）

学問には復習しないことが毒である。
在家にとって不精《ぶしょう》は毒である。
美しさに怠けは毒である。
こころを守る人には放逸《ほういつ》は毒である。（二四一）

鉄は硬い物質ですが、錆《さ》びると粉々につぶれてしまいます。鉄が錆びて使いものにならなくなるのはだれのせいかというと、これはだれのせいでもありません。鉄のせいです。鉄をだめにする錆は鉄の中から生まれるのです。この現象を私たちの人生にたとえて考えてみましょう。

人間もまた、自分のこころから出てくる錆によって崩れていきます。社会のせい、親のせい、家族のせい……。すべてを他人のせいにして、自分の人生がだめになったという人は、まさにこの鉄と同じです。自分自身の中に何か錆びる原因があったから、周囲の影響を受けたのです。要するにただの鉄だから錆びたのです。錆びたくなかったら、自分を錆び難いステンレスに変えればいいのです。

あまり気をつけない人、いい加減な人は、自分の過ちについて、「それぐらいはなんてことはない」と思いがちです。「人間が生きていく上では、これぐらいのうそは気にする必要はないよ」とか、「これぐらいの罪は、まあどうってことはない」とか、自分の行ないを軽く見るのです。みんなそうやって、「自分がやっていることなんか、たいしたことはないよ」と考えてしまう。そこに危険な落とし穴があるのです。

ブッダはこのダンマパダの中で

他人の過ちなら、もみ殻のように、
空気に流して、あちこちにばらまく。
自分の過ちなら、隠す。
詐欺師が負けたサイコロの目を隠すように。（二五二）

と述べています。それがふつうの人間のやり方なのです。自分がやっている悪いことは、「これぐらいどうってことはない。気にすることなどない」と、甘く見ているのです。そうやって自分の悪を甘く見ることで、自分自身が錆びて崩れてしまう。だから本当は自分を甘く見るのではなくて、小さな罪でもかなり危険視した方がよいのです。

たとえば一人の男性社員が会社で一万円を横領したとします。もちろん、罪悪感などありません。なぜか。彼はいつもこころの中でこう思っていたからです。「世の中には銀行強盗をやっているやつがいるじゃないか。政治家だっていろんな不正をやって大金をせしめているし、一流企業だって結託して談合までやっているじゃないか。それに比べれば、この一万円ぐらいたかが知れている」。これはとても危険な考え方です。仏教では、「糸一本でも与えられていないものはとるな。ただの糸ではないかという軽はずみな考えで、自分のこころに錆が浮くのだ」と戒めています。自分から生まれた錆は、自分を破壊します。こころから生まれた過ちは、こころを破壊するのです。

「学問には復習しないことが毒である」。この偈に出てくる学問とはマントラ、つまりヴェーダ聖典のことです。バラモン階級の学問を指しています。バラモンたちは三十歳になるまで、学校でマントラを勉強します。学校で習った内容を覚えるには復習が絶対条件です。学問をする。勉強をする。知識を得る。いずれの行為も記憶をつかさどる脳のある部分の働きなのです。脳は論理的にできているので、理解能力があればあるほど知識を覚えやすい。それには個人差がありますが、とにかく復習をしてデータをきちんと覚えて脳にたたき込んでおけば、いつでも取り出して使えます。まずデータがあれば、それを基にいろんなことが理解できます。復習するということは、まさに学問の魂なのです。

「在家にとって不精は毒である」。これは在家の生活を送る上で大切なことが示されています。「在家の人は自発的にやるべき仕事をこなさなければ大変なことになる」と言っているわけです。みんなが腰を上げないで怠けていると、在家の家はつぶれますよ。雨が降る前に田んぼを耕しておきなさい。雨が降ったらすぐに種をまきなさい。そうしないと、在家の生活は成り立ちませんよ、という具合にてきぱきと仕事をすることの大切さを教えているのです。

次の言葉はとても現代的なものです。「美しさには怠けは毒である」。今でもそうでしょう。美しくありたければ、きちんと運動してプロポーションを保っておかないといけない。医学的にもブッダが言われていることは正しいのです。人がごはんを食べてごろごろしてばかりいると、体は醜く崩れてしまうのです。だから、怠けずにきちんと体を動かしていれば、私たちは美しくて健康でいられます。

最後にブッダは「こころを守る人には放逸は毒である」と言われます。学問には復習しないことが毒でした。在家の生活では自発的に必要な仕事をしないことが毒であり、健康で美しい体を守るためには怠けることが毒でした。ではこころを守るためには何が毒なのかというと、ブッダは放逸だと説かれています。自分のこころに煩悩《ぼんのう》が入らないようにするには、一瞬一瞬の自分を観察しなければいけません。それが不放逸という言葉の意味です。物事を見たり聞いたり話したりすることで、絶えずこころが汚れているからです。こころが汚れないようにするためには不放逸――気づき（サティ）を絶やさないことが大切だということを忘れないでください。

②

時を逃してはならない

若いときに、財を得ることもなく、修行もしないのなら、
魚のいない沼にたたずむ（老いた）白鷺《しらさぎ》のごとく、
やせ衰えてしまう。（一五五）

若いときに、財を得ることもなく、
修行もしないのなら、的を外れた矢のように朽ちる。
昔のことばかり思い出して悔やみながら。（一五六）

私たちがのんびり生きようと思っても、あるいはどんなにあせってみても、時間の流れを変えることはできません。だから、一定の速さで過ぎていく時間の流れに合わせて生きていくことが大切なのです。そうすれば、必ず充実感をもって生きていられます。しかし現実の私たちはどうでしょう。いつもむちゃくちゃにあせってはいないでしょうか。せっかちで、なんでも早くやろうとする。そんな傾向が現代社会では顕著に見られます。

なぜでしょうか。みなさんはやりたいことがいっぱい見えていて、「早く追いつかなければ……。急がないと追い抜かれてしまう」という恐怖感を抱いてあせっているからです。結果的に失敗ばかりしてしまい、見事に追い抜かれるのです。実際はあせっているだけで何もしていない、ということも多々あります。

たとえば仕事をのんびりとやっている人は、何もかもがスローペースで、いつまでたっても仕事が終わらないという失敗を犯します。いつも仕事を怠け、やるべきことをきちんとやらないからです。興味深いのは、なんでも早くやりたがってあせっている人々も、のんびりしている人と結果は同じだということです。あれこれと手を出すけれども、何もかも中途半端で、何一つきちんとやり遂げることができない――結果としては何もしていないのです。

正しい見方というのは、時間の流れをふまえ、そのとき、そのときに自分がやるべきことをやる、ということです。一週間は七日もありますから、月曜日にやるべきことは月曜日に、火曜日にやるべきことは火曜日に済ませてしまえばいいのです。月曜日にやるべきことをさぼって、火曜日に先送りするとたちまち失敗します。反対に月曜日にものすごくあせって何かに取り組んでも、火曜日に中途半端でうまくいきませんから、また火曜日にやり直す羽目になります。要するにあせっても、のんびりしても結果は同じなのです。

そういう生き方をしていると、時間がたつにつれ、どんどん悩みがたまってきます。

だから若い時分は、そのときにやらなければいけないことがあるのです。たとえば勉強をするとか、自分の能力を開発するとか、技術を身につけるとか、友だちを作るとか、社会人として必要なことを身につけるとか……。若い時分が終わったら、社会人としてやるべきことを淡々とやる。結婚する年齢になったら結婚する。子供を作る歳になったら子供を作る。そのように、人間として決まっている当たり前のプログラムがあって、やるべき時期があるのです。そのタイミングを逃してはいけません。

みなさんはなかなかこころを落ち着けて物事を見つめないから、「今は仕事がおもしろいから結婚はしませんよ」などと言っているうちに結婚適齢期が過ぎてしまうのです。そういう人に限って、ふと仕事がおもしろくなくなってきたところで、「ああ、結婚もできなかった」などと悩むことになるのです。もしも過去について悩む羽目になってしまうと、それは失敗の人生です。

だからと言って「人間は社会で定められたプログラム通りに生きろ」といった、インドのヒンドゥー教や、中国の儒教の主張と同じことを仏教が説いているわけではないのです。仏教では「決められた道を歩まなければいけない」とは言っていません。自分の意思で、自分の進む道を決められます。しかし、どんな道を歩んだとしても、時間からは逃げられません。すべて、時間の軸で行為をしなければいけない。あせってはならないし、のんびりしてはならないのです。きちんと時間の流れにそって仕事をし、その目的に達しなくてはいけない。そうすると、歳をとっても歳をとった人なりの仕事が必ずありますから、とても楽しく生きられるようになるのです。

私たちは、毎日毎日、毎時毎時、毎分毎分、毎秒毎秒、生きています。その時間の間隔の中で、やらなければいけない仕事は必ずあるはずなのです。それを淡々とやっていれば、人生は楽になります。逆に大げさな計画を立てたりすると、人生が観念的になって、大変生きづらくなるのです。大げさな計画があったとしても実際の行動は一分単位でしなければいけない。だから今の一分で、今の一時間で、いったい何をすべきかと具体的に気をつけて、それだけをやっていれば、けっこう楽になるのです。それこそが死ぬ瞬間まで、充実感をもって生きる方法なのです。

時間は一定の速さで絶えず変化していきます。同時に自分も絶えず変わっていきます。だから、二十歳でやりたかったことを四十歳でやっても意味がありません。二十歳でやりたかったことは、二十歳の人にふさわしい楽しみであって、それを四十歳になってできるようになってもおもしろくもなんともないのです。ただやるべきタイミングを逃してしまっただけの話です。それが成功した人生だとは思えません。

繰り返しますが、ここでお話ししているのは、「だから親の決めた道を歩まなければいけない」とか、「社会の決めたレールに乗って生きなければいけない」ということではありません。自分の意思で「私はこういう生き方をするんだ」と決めてもいいのです。しかし、どんな生き方をしても、時間からは逃げられないことを忘れてはならない、ということです。一分ごと、一時間ごとに、小さな単位で今何をやるべきかを発見して、それをやっておけば落ち着いていられます。人生は成功します。自分の人生を後悔することなんてなくなってしまいます。

冒頭の偈には少し説明が必要かもしれません。インドの社会では、若いときにまず、自分は修行をするのか、在家でいるのか、ということを決めます。修行の世界は一生をかけて取り組まなければいけないことですから、早い時期から学校に行くのか、それとも修行道場に行くのかを決めるのです。学校にも道場にも行かず、ふらふらしていたら人生はもう終わりです。

在家の場合は、若いころにたくさんの仕事をしてお金をもうける時間なのです。現代の若者の例で言えば、フリーターばかりやっていて、どんどん歳をとってくると「そろそろ安定した職に就かなくちゃまずいなあ。結婚もできないなあ」とわかってくるのですが、もう時間が遅い。時間がずれています。それで一生、ずうっと不安になって、悩んで、心配する羽目になってしまうのです。「結婚したかったけどできなかった。きちんと仕事に就きたかったけど就けなかった」という具合に、中途半端な生き方をしなければならない。しかも歳をとっているから、フリーターでもなかなか仕事にありつけないとか、大変なことになるのです。だから安易に時間を無視して生きてはいけないのです。

最初の偈に老いた白鷺の話が出てきます。もし若い白鷺だったら、えさ場の沼や田んぼに魚がいなかったら、他のえさ場に軽々と飛んでいきます。しかし、老いてしまったら、もうそんなに遠くへは飛べません。だから、かわいそうに、もう魚もいない、ほとんど水が枯れかかった沼で、ただ時が過ぎていくのを空しく待っているのです。私たちも飛べない状態になってしまったら、もう悩むしかないのです。「もっと若いときに……」と悔やんでも、もう遅いのです。

その次に弓から放たれた矢の話が出てきます。的に当たらなかった矢は、落ちた場所でそのまま朽ちていく、壊れていく、なんの価値もなくなってしまう、と説かれています。矢であるなら、きちんと的に当たった方がいいでしょう。だから、過去のことを思い出して悩んだり、悔やんだりする人生はやめましょう、という意味なのです。

それから、昔の人々の生き方は現代と違いました。昔の人々は、精神的に豊かになることと、経済的に豊かになることの二つを人生の道にしていました。はっきりと道を二つ決めていたのです。今は一つしかありません。ただお金をもうけることだけに社会が塗りつぶされています。昔は人間には、人生の目的が二つあったのです。偈文の中に修行（ブラフマチャリヤ）という言葉が入っているのは、そうした理由からなのです。

③

あなたの友人は賢者か愚者か

愚か者とともに歩む者は、長い間、憂《うれ》い悲しむ。
愚か者たちとつるむのは、
仇敵と一緒にいるように苦しい。
智慧ある人とともにいることは、
親せきとともにいるような安らぎである。（二〇七）

友だちを作るということは、若い人がよく考えることです。友だちとはどこかで自分と気持ちが通じ合っている人を意味します。互いに気持ちが通じ合えば一緒にいて楽しいし、話し合うのも楽しいものです。いろいろ合致するものがあるという存在が友だちです。その関係はお互いの人生にも大きな影響を与えます。自分がどんな人間になるのかということは、友だちがどんな人々かということで大きく左右されるからです。

自分の人生は友だちによって決まります。これは生命としてどうしても避けられないことです。私は独立している、私はだれの影響も受けない、ということは心理学的に観て成り立ちません。私たち一人ひとりのこころは、単独で機能するものではないからです。あらゆる情報によって、周りの環境によって、自分のこころは変化します。だからこそ、自分のこころを取り巻く環境を整えることは重要なのです。つまり「だれと仲良くするべきか」という問題は、人生最大の関心事として真剣に考えた方がいいのです。ブッダの教えはみなさんが友だち選びをするためにとても役立つと思います。

ブッダによれば「愚か者」を友だちにしたら、その人の人生は失敗なのです。愚か者とは、頭が悪い、道徳がない、罪を犯す、判断能力がない人々のことです。もし、そういう人々が友だちだったら人生は最悪です。次から次へと問題が生じます。しかも自分はそこから逃げられず、そんな悪循環の渦に陥ってしまいます。話すときでも、そういう愚か者の話に合わせなければいけない。もし勉強が得意で、物事をよく理解できる能力が自分にあったとしても、頭の悪いグループにいたら、その能力を切り捨てて「ないこと」にしないと仲間に入れない。だから、悪い仲間とつき合うと、どんどん人格がだめになってしまいます。その人は大変な苦しみを受けて、長い間悩む羽目になるのです。気が合うから、好きなものや趣味が同じだから、クラスが同じだから、といった基準で愚か者とつき合ってしまったら、人生をまるごと捨てる羽目にもなりかねません。

では失敗しないためにはどうすればいいのでしょう。ブッダの答えはこうです。「友だちを作るならば、自分よりも性格が素晴らしい人、智慧がある人、理解能力のある人、道徳を守っている人、自分より優れている人を友だちにしなさい」。要するに自分より優れた人々の輪に入り込んで生活すればいいのです。そのグループに入ることで、自分の人格は簡単に向上してしまいます。

しかし、その場合は「ねえ、仲間に入れてよ」と気安く声をかけても簡単には仲間になれません。同じブランドの服を着たり、化粧をまねしたり、同じ遊びをしたりしても、人格者と友だちになることはできません。もし人格者のグループに入りたいと思うならば、性格のだらしない自分の方からお願いして、仲間に入れてもらう必要があります。

人格のできた人々にとっては自分などまだまだ未熟な人間で、迷惑な存在でしかありませんから、当然、こちらが頭を下げて、遠慮がちに裏口から入らなければいけないわけです。彼らは「友だちが欲しい」と探し回っているわけではありませんし、「自分を拝んでくれる信者さんが欲しい」と仲間を勧誘しているわけでもありません。だから、こちらから身を低くして入り込まなければいけないのです。そうすれば「環境の力」によってたちまち立派な人間に育ちます。「こいつは本気なのか、冷やかしで来ているだけなのか」と、ちょっとした試練を与えられるかもしれません。その上で「そう簡単にはめげないな。こいつは本気だな」とわかったら、もう放っておいてくれるのです。放っておかれるだけでも充分です。人格者の中にいれば、それだけで自分が成長しますから。そこでブッダは、智慧のある人と一緒にいることは自分の家にいるようなもの、自分の親せきと一緒にいるようなもので、気楽で楽しいのだ、と述べられているのです。

人格者のグループが自分の周りにない場合はどうすればよいのでしょうか。ブッダは別の経典で「どうしても仲間がいなければ、独りでいてください」と答えています。「尊敬する友だちがいないならば、独りでいるしかないのだ」と。そのときは友だち関係の中で成長することはできない代わりに、堕落することもありません。しかし、不安に思わないでください。「ブッダこそが最高の善友です」「私がいなくても、私が説いた法があなた方の指導者になる」とブッダは言われているのですから。私たちを導くために常に偉大なる善友（ブッダ）がそばにいてくださるのです。

仏教の世界では、「友人関係、人間関係は、最大限、気をつけるべきことだ」と説かれています。ふつうは、「気に入ったから友だちになりたい」と思いがちですが、「その衝動に従うことはやめなさい」とブッダは言われています。だから、いい友だちを見つけるためには、「好き」「嫌い」という基準をなくすことが不可欠な条件なのです。「好き」と「嫌い」という感情には、生き方の幅を狭くする働きがあるからです。

日本では会社内の狭い人間関係にしがみついたり、学校のクラスメイトをいつまでも大事にしたりする例がよくみられます。これも人間としての能力開発を妨げる大きな要因の一つです。なれあいの関係になり、自分の世界を狭めてしまうからです。学校や職場の人間関係を否定しているわけではありません。一緒に勉強をしたり仕事をしたり生活をしたりすると、兄弟みたいな親密な関係ができあがります。しかし、自分の人格を向上させたい、人生を成功させたい、負けたくない、と願うならば、自分が仰ぎ見られるような人格者のグループと仲良くなるための努力をすべきです。それにはなれあいの狭い人間関係を超えていく勇気をもたなければならないのです。

とにかく立派な人間になりたければ、いい友だちを作らなければいけません。友だちといっても、相手を気に入るか気に入らないか、「好き」か「嫌い」かではなくて、相手の性格や人格が自分より優れているか否かを基準とすべきなのです。おもしろいことに、性格や人格が優れている相手というのは、たいてい自分の気に入らない面々です。決まって、「第一印象は大嫌い」という連中なのです。だから、どうしてもハンディというか、相手と自分の間に壁を感じると思います。しかし、こちらがプライドを捨てて近づいていけば、そういう人ほど「じゃあ、これはこうすればいいよ」と言って的確に物事を教えてくれるのです。

④

人の話に振り回されない

アトゥラよ、これは昔からのことだ。
きょうだけのことではない。
人は黙っている者を非難し、多くを語る者も非難する。
節度をもって語る者さえ非難する。
この世において、非難されずにいた者は、
どこにもいない。（二二七）

人間は「あの人からこう言われた。この人にああ言われた」ということをとても気にするものです。気にして落ち込んだり、あるいは舞い上がったりして、いずれの場合もひどい目に遭うのです。人に何かを言われて怒ってしまうと損をするし、褒められて舞い上がってしまっても損をする。子供は親の言うことが気になるし、親も子供に何かを言われると、とても気になって傷ついたりもします。

だから言葉というのは、放たれた矢のようなものなのです。自分が真ん中にいて、上下四方八方から、言葉という矢で限りなく撃たれている。それを全部まともに受けてしまうと、もう生きていられません。ではどうすればいいのでしょうか。どこから矢が飛んで来てもけがをしないように、鎧《よろい》をかぶっておかないといけないのです。

その鎧とはなんでしょうか。実は、矢に撃たれないための簡単な鎧があるのです。人間というのはいいかげんなもので、ただ無責任に話しているだけなのです。人の言うことなんか、気にすることはありません。だれだって、物事をよく知り尽くした上で話しているわけではないのです。

これは親にしても同じことです。子供のことをかわいいとか愛しているとか言っていますが、話すときは無責任に話しているのです。子供の気持ちなど、ぜんぜん理解していません。だから、人の気持ちをよく理解して、客観的に物事を判断して、これが正しい言葉である、これが正しい道であると理解して話す人は世の中にはいません。人は好き勝手に自分の主観で、自分の妄想で話しているのです。そんな言葉を気にする必要があるでしょうか。

この偈はブッダが、アトゥラという人に語った言葉です。こんなことは昔から同じで、だれかが黙っていると「なんでおまえは黙っているんだ」「なんとか言え！」と非難されるのです。そこで「ああ、そうですか」と言って話し出すと、今度は「話し過ぎだ。そこまで言わなくてもいい」と、また非難される。「ああ、そうか。では適当に話します」と対応すると、またもや非難される――。

黙っていても非難される、たくさん話しても非難される、ほどほどに話してもまた非難される。つまり、「非難されない人間はいない」ということなのです。だから私自身も当然非難されます。だいたい人間というのは無責任に何かを言っているだけなのです。他の人々を非難して侮辱して、人権を侵害して話している。これが人間のやり方なのです。だから、単純に言えば、この偈の要点は「ばかは相手にするなよ」ということなのです。

非難する人の話というのは、まじめに研究して調べて、客観的に判断して話しているものではありません。ただ何かを話しているだけなのです。話さずにはいられない病気にかかっているのです。だから、それほど気にすることはありません。「この世の中で非難されない人間はいません」と理解すれば、どこから言葉の矢を撃たれても平気です。自分を守ることができます。それこそがこころの平安を守るための鎧なのです。

まともに言葉の矢を受け止めると、その言葉にまとわりついている感情までもがこころに入ってしまいます。だから、怒りで非難されると、私たちは落ち込むか腹を立てるかです。いずれも怒りに対する反応を示してしまうのです。

反対に「貴女《あなた》はとてもお美しいですね」と向こうが欲で褒めたりすると、こちらも気分がよくなって「貴方《あなた》もいい人ですね」と、欲の反応を返してしまう。相手の感情を受け入れてしまうと、人の煩悩まで自分のこころの中で再現されてしまいます。常に他人の感情に影響されていたら、平安には生きていられません。私たちは常にこころの平安を保たなくてはいけないのです。

ならば他人の話なんか全部聞き流せばいい、と思う人もいるでしょう。しかし、それは間違いです。智慧のある人が自分を本当に心配してくれているならば、その話を聞き逃してはいけません。真理を知って世の中の幸福を願っている人は、きちんと調べた上で話しているのです。

そうやって理性のある人、智慧のある人、人格的に優れた人から非難されるのであれば、非難されてもありがたいのです。ものすごくばかにされても、それはとてもありがたい。それをまじめに聞いても、決して惨めにはなりません。物事をしっかりと判断して、自分のことをとても心配して言ってくれる場合は、それは非難ではなく、有意義なアドバイスなのです。

何かをしようとしたとき、経験豊富な熟練者がいて、こうしてみなさいと言われたら、その人の話は聞くことです。世間でよくみられるように、やったこともない人、知ってもいない人が物事に口を挟むと、必ず失敗します。

だから、無知な人の話を聞く必要はありません。賢者の言葉だけはきちんと聴かなければいけない。だからブッダの言葉だけは、何も文句を言わずに聴くしかないのです。ブッダはいっさいを知る、完全無欠の方なのですから。

⑤

一〇〇%純粋な人

ひたすら非難されるだけの者、ひたすら褒めそやされるだけの者は、過去にはいなかったし、未来にもいないだろう。現在にもいない。(二二八)

もし賢者が日々絶えまなく検証した結果、「智慧と戒めを体得した完全たる人格者である」と称賛するならば、(二二九)純金のごとき、そのお方をだれが非難し得るだろうか。神々も彼を称賛する。梵天《ぼんてん》でさえも彼を称賛する。(二三〇)

昔も将来も今も、ただ非難されるだけの人も、ただ褒めたたえられるだけの人もいません。人間は完ぺきではありませんから、一部は善いところがあって、一部は悪いところもある。どこからみても悪だけの人間など存在しません。結局、世の中から非難されている人も、その人格や行為の一部分について非難されているだけで、全面的に非難に値する人というわけではないのです。

非難する側は相手を全否定するつもりで攻撃するものですが、非難される側だって善いところはたくさんあるのだから、そんなに気にすることはありません。反対に、世間では自分のことを完ぺきに認めてほしいと願っている人もいるのですが、これもあり得ないことです。そんな無理なことを期待すると、とても不幸になってしまいます。

たとえ殺人を犯したような犯罪者でも、その人の犯行動機などを聞いてしまうと「ああ、なるほどそういうことか」と思うこともあります。やはり、相手の言い分を聞いてしまうと、完全に非難することはできなくなるものです。

つまり、どんな人間にも短所があって長所もあるということです。人間というのは、嫌な人の短所だけを見てごちゃごちゃと非難するし、好きな人の場合は長所だけを見て、極端に褒めたりする。その事実を理解してほしいのです。たとえば、ある人が自分の長所だけを見て、ずいぶん褒めてくれたとしても、あまり舞い上がることなく、「あっ、この人は長所しか見ていないのだ」と冷静になることです。また、ある人は自分の短所だけを見て「あなたは悪い人間だ」と非難するかもしれない。その場合も、「この人には短所しか見えていないのだ」と落ち着けばいい。自分を見れば長所もあって短所もあるのだ、ということを理解してほしいのです。そうすると、人生はうまくいくものです。

では、だれもが非難される世の中にあって、非難されない人はいるのでしょうか。理性のある人は厳密にその人を調べるでしょう。主観的にではなく、客観的にしっかりと調べてみる。きめ細かく子細に調べても短所を見出せない人格ならば、その人は非難されない人と認められます。

ブッダは「どうぞ私のことも調べてみてください」と言われたことがありました。「何か非難に値する性格があるか否か調べてください」と――。実際に、ある青年バラモンが、ある先生に頼まれて半年間に渡って、それこそ一日二十四時間、ブッダを徹底的に調べたことがあります。その青年バラモンはあらゆる学問に精通し、ある特定のバラモン人しか知らない三十二相の人相学までマスターしていました。現在、仏教経典に説かれている三十二相は、元来、バラモンの秘伝だったのです。青年バラモンがその人相学でブッダをチェックしてみると、まさに一〇〇点満点の人相だと判明しました。

しかし彼は一流の知識人でしたから、それだけでは気が済まなかったようです。たとえ人相学で一〇〇点満点になっても、人間の本当のところはわからないものだと考えて、さらに半年間も慎重に調べたのです。ブッダはどのように話すのか、どのように座るのか、どのように衣を着るのか、水を飲むときはどうするのか、歩くときはどうするのか、弟子たちを指導するときはどうするのか、夜はどう過ごしているのか、朝は何時に起きるのか……。何から何まで片はしから、二十四時間調べ続けたのです。

そうやって半年もたってから、彼は先生にレポートを提出し、こう言いました。「ついに三十二相をそなえた人格者を発見しました。それだけではありません。歩まれるときの歩き方、座られるときの座り方、お話しされるときの話し方、お食事のときの食べ方、お袈裟《けさ》をまとわれるときの衣の着方、どこを見ても、こころが完全無欠でない限り、あのような行儀作法はできるはずがありません」。

非難に値しない人とは、そういう完全無欠の人物です。しかし無知な人はその偉大さを知ることができないのだから、調べられるのは賢者だけです。世の中にある非難というのは、賢者が言っているわけでもなければ、きちんと調べて言っているわけでもない、どうでもいい〝レッテル張り〟の言葉なのです。しかし賢者が日々慎重に調査して、彼は完全無欠であると結論づけるならば、その人は非難されない純度一〇〇%の金のような人格者だと判断していいでしょう。神々も梵天も彼を褒めたたえる。この世の中で、完全たる人格者を非難できる者はだれもいません。結局、非難に値しないのは、ブッダや阿羅漢《あらかん》の悟りを得た人格者のみであって、他の人々が周囲の人々から非難されてしまうのは、仕方のないことで、それほど気にすることでもないのです。

⑥ 少数派になることを恐れない

世間の人々は盲目である。
少数の者が真理を理解する。
とり網から逃れ出で、
空に生還する鳥が少ないように。（一七四）

世の中は目が見えない人々ばかりだというのは、「真理を知らない人々ばかり」という意味です。真理を知らなければ、だれも正しく生きることはできません。だいたいみんなが大衆の考え方に従おうと努力しています。だから「みんながそう思っているのだから、私も同じように思わなければいけない。みんながやっているのだから、私もやらなければいけない」と考えるわけです。

人間というのは、正しいやり方、正しい生き方にはまったく気づいていなくて、ただ感情に従って自分たちの判断で生きようとしています。自分が被害を受けたら、加害者を裁くべきだ、仕返しをするべきだ、と簡単に思ってしまう。「目には目を」といった恐ろしいことわざまであるくらいです。しかし、これは正しい生き方ではありません。世の中では正しい生き方、正しい考え方、正しい行動の仕方、問題に対応する正しい方法というものが、まったくと言っていいほど知られていません。

そこでブッダははっきりと「智慧のある人、物事の真理を発見して理解した人の話を聞きなさい」と述べています。やはり賢者が説く生き方が正しいのです。一般大衆の話を聞くのではなく、きちんと真理を知っている人の話を聞くべきなのです。真理を知っている人々は少数派です。だからと言って、その他大勢の意見を聞くべきではありません。むしろ、その他大勢の人々が、真理を知っている賢者に従う。仏教的に観ると、それが正しい道です。

別に民主主義にけちをつけているわけではありません。政治制度と社会システムについてはブッダも民主主義を認めます。同じ知識能力の、同じ目的の人々が組織を作る場合、メンバーはみんな平等だから、そこで多数決とか満場一致といったルールで物事を決めてもよいのです。しかし、生き方の場合はそうはいきません。道徳の場合も同様です。何が善で何が悪かと、大衆が決められるものではないのです。大衆はそのとき、そのとき、何を言い出すかわからないものだからです。

私たちは平気で民主主義とか大衆の意見とか言っていますが、実際の世界では財力のある強情な権力者がリーダーになって、自分の意見を言い張ってしまいがちです。みんなその人の影響力に圧倒されて、応援するのです。それで選挙にも勝ってしまう。そこで「ああ、これが大衆の意見だ」ということにするのです。今も実際の世界では、大衆の意見は通じていない。権力者、財力のある者、影響力のある人の意見が通っています。

賢者に従うことは民主主義と反対ではないか、と思うかもしれませんが、よく見れば今も建前だけの民主主義なのです。民主主義の社会で独裁は嫌だと言うのはわかります。国民は同じく平等な主権者なのに、だれかが独裁的に権力を握っているとしたら、とんでもない悪行為です。ここで言っているのは、多数の人間がなんでも少数の人間に従えということではなく、「正しい生き方について、理性のある人、物事の道理を知っている人に従いなさい」という当然の教えなのです。事実を観れば、世の中は物事の本質が見えない人々ばかりで、ありのままに事実を観られる人々、真理を知っている人の数は少ない。正しい道を歩む人々も少ない。どちらかと言うと、理性のある人が一人ひとり、こそこそと正しい道を歩むことになる。それを大衆が認めてくれない可能性もあります。それでも弱気にならず、お互いに智慧の世界をめざしてがんばっていかなければなりません。

かつてはヨーロッパでも、智慧の世界に挑んだ人々は神の教えに反対していると非難され、裁かれました。しかし彼らがもしあきらめていたなら、科学も哲学も発展しなかったでしょう。彼らはたとえ裁かれても、死刑にされても、自分が発見した真理は間違いなく真理だと、断固として主張したのです。そのおかげで現代の科学や哲学があるわけです。人間には自由がそれなりに認められています。でなければ、私たちは誤った神の教えに完全に支配されて、無知な世界に生きていたことでしょう。科学者や哲学者が命がけでがんばってくれなかったら、いまだに地球は平らで、太陽が地球を回っている、と私たちは信じていたでしょう。

真理を探し求める人は、今も少数派です。抜群の能力をもち、あらゆることを発見して、だれも知らないことを教えてくれる人々は当然少ないのです。その貴重な人々が、だれも仲間がいないから寂しいとか、真理の探究をやめて一般人と一緒に生きるぞ、といったことになったら、とんでもない損失です。一般人に見放されても、もし自分の頭が鋭くて真理を求めているならば、その道を歩んだ方がいいのです。なぜなら自分が真理を発見すれば、自分をさんざんけなし、ばかにした人々の役にも立つのですから。仏教はたとえ一人になっても、真理の道を選んで歩め、と勇気を与えてくれるのです。

冒頭の偈には実に興味深いブッダの言葉が記されています。網にかかった鳥の話です。鳥は網に引っかかると、飛んで逃げようと条件反射で翼を羽ばたかせてしまうものです。でも、そうすると余計に絡まって逃げられなくなる。頭のいい鳥だったら、翼をたたんで、くちばしで脱出路を調べながら先へ先へと進み、網から逃げ出してしまうのです。ふつうの鳥たちがやることは決してやりません。「鳥が翼を羽ばたかせるのは当たり前だ。みんなやっているではないか」と自分も同じことをしたら確実に死んでしまいます。同様に人間が歩むべき真理の道も、みんながやっている常識的な枠を超えた方途で発見できるものなのです。

⑦ 人生の達人になるための条件

真理を語ること。怒らないこと。
頼まれたら少しでも助けてあげること。
この三つを実践する人は、
神々の世界に行くだろう。（二二四）

あるとき、子供からこんな質問をされました。

「いい人間になりなさい、とおばあちゃんに言われるんですけど、どうすればいい人間になれますか、いい人間ってなんですか」

私もそのときには戸惑ったのですが、この偈に答えがありました。まず、真理を語ることです。決してうそをつかず、事実をねじ曲げずに語ることです。そうした方が生きるのは楽だと思います。自分で勝手に話の内容を組み立てたり、うそをついたりするのではなく、事実としてあるがままにストレートに語る。その方が人生は楽なのです。しかも頭が悪くなりません。いろいろな出来事をきちんと覚えておいて、しっかりとしたデータにもとづいて話すと、頭がよくなるのです。自分で妄想して、いろいろなストーリーを創作しようとすると、逆に頭が混乱してしまいます。うそを言わず、事実と真理をありのままに話すことで、頭がよくなり、いい人間になります。

二つ目は怒らないことです。怒りを自分で管理できるようになったら、人生の達人と言ってもよいでしょう。とにかく怒りは禁物です。

三つ目が人に頼まれたことは、ほんの少しでもやってあげるということです。この世に生きている限り、私たちは人からいろんなことを頼まれます。それらをすべて引き受けることはできませんが、人から「これ、やってちょうだい」と頼まれたら、自分にできる範囲のことは少しでも実践することです。たとえば、子供が親から「しっかり勉強して、一流の大学に入ってほしい」と期待されているとします。だったら、それなりにがんばってみてください。能力があれば合格するでしょうし、なければ不合格になるでしょう。でも、「親に言われたことなんかするものか」と、まるっきり努力をしなかったら、いい人間にはなれません。人から頼まれることをなんでもかんでもすることはできなくても、少々のことぐらいはやるべきです。それを実践すれば、生きることがとても楽になります。

事実を語る。怒らないようにする。人から何かを頼まれたら、それを少しでもやってあげる。この三つが、いい人間になるための条件です。ブッダは「そういう人は神々と一緒になるのだよ」と言われています。立派な人間になりますよ、という意味です。このように説明すれば、子供にでも理解できます。

三つの条件の中で特に難しいのは、自分自身の力で怒りをコントロールすることです。

ダンマパダの中で、ブッダはこんな言葉を述べられています。

暴走する車をコントロールするように、わき上がる怒りを管理する人。
彼のことを私は御者《ぎょしゃ》（人生の達人）と呼ぶ。
他の人はただぼんやりと手《た》綱《づな》をもっているだけ。（二二二）

怒りは強烈な猛毒をもつウィルスのようなものです。感染性が強く、こころに入り込むとあっという間に体中に広がっていきます。細胞の一個一個まで、この怒りの強烈なエネルギーが行き渡るのです。怒りはとてつもない猛毒なのです。

問題はこころが怒りに感染すると自己管理ができなくなることです。話してはいけないことを話したり、してはいけないことをして大失敗を犯したり、頭が混乱してしまうのです。だから決して怒りを好んではいけません。怒りが生まれそうな考え方もやめるべきです。テレビ番組でも見ていて怒りが出そうだと思ったら見ない方がいいでしょう。その方が得をするのです。本を読んでいても、じわじわと怒りがわいてくるようなものならやめた方がいい。嫌になる気持ちも怒りの一つです。なんだか嫌な気持ちになったなあ、という気がしたら、もうすでに怒りが始まっているのです。だから、なんとしてでも怒りに感染しないように、気をつけなければいけないのです。

怒りというものは、突然、込み上げてきます。これは一種の発作状態です。だから怒った瞬間に、それをどうやって排除するのか、という点に気をつけた方がいいのです。「おれが頭にきたのは、あいつのせいだ」などと怒りの理由を探してはいけません。「何回言っても、あいつは聞いてくれない。だから怒っても当然だ」などと怒りを正当化することが大間違いなのです。怒ることは決して正しくない。当たり前でもない。怒ったら、怒った本人が猛毒を飲んでいるだけなのですから。

ブッダは「たとえ自分がのこぎりで切られても怒ってはいけません」と説かれています。たとえ残酷な犯罪者に生きたままの自分がのこぎりで切られても「怒ってはいけない」「そんなときでも相手を非難するな」と言うのです。「そんなにひどいことをされても、怒りや憎しみを感じないなんて不自然だ。おかしいではないか」と思う人もいるでしょう。しかし、「それさえもだめだ」と断言するのが仏教なのです。それぐらい怒りというのは危ない猛毒だということです。

怒りは確実に人間を不幸にします。今は景気が悪いから、「収入が足りない上に、子供の学費はどんどん高くなっていく。食料品の値段も上がっている。さらに消費税を上げようというのだから、これじゃあ踏んだりけったりだ」と、人間は当然の権利のごとく文句を言ってしまう。しかし、そこに怒りが隠れています。幸せになりたければ、その怒りを管理しなければいけないのです。

人間は怒りを管理できれば、必ず幸せになれます。たとえば、給料が減って生活が苦しくなっても、「やれやれ、ひどい状態になったものだ。では、どうしようか」というふうに明るく対応してはどうでしょう。文句を言ったり愚痴をこぼすのではなく、明るく対策を練るのです。「少ない収入の中で、どうやりくりすればうまくいくか」を考えるのです。そうすれば怒りの毒を飲むことはありません。怒りを管理していることになります。

人間は毎日二十四時間、悪条件に遭遇しています。気分のいいものに出合うことは、ごくまれなことなのです。電車に乗ろうとしたら満員で乗れないとか、買い物に出かけたら欲しい特売品がないとか、悪条件にだけはいつでも遭います。夏は暑いし、冬は寒いし、ごはんを食べようとしたとたんに電話がかかってくる。それらにいちいち怒っていたら、人生はやり切れないのです。

「怒りを管理する人は、人生の達人です」というブッダの言葉があります。ブッダの教えによれば、暴走する車にしっかりとブレーキをかけて、ストップさせられる人はプロ級の運転手です。私たちの人生は怒りで暴走しっぱなしです。どこへ走っていくのか、どんな事故を起こすのか、もう何人ひき殺すのかわからない。一人ひとりの人生が、怒りで暴走中なのです。そこでブッダは、「怒りを管理してみなさい。そうすれば最高に腕のいい運転手になれますよ」と言われているのです。自分なりにいろいろな工夫をして、なるべく怒らないように自分を管理するのです。

先ほども述べたように、私たちは四六時中、悪条件に遭遇しています。しかし、人生の中で自分の体をのこぎりで切られるなんてことはあり得ませんし、昔のように理不尽に捕まえられて野蛮な拷問を受けることもないでしょう。私たちが日常で遭遇する苦しみなど、ちっぽけなものです。だれかに文句を言われたとか、電車の中で足を踏まれたとか、病院に行ったら一時間半も待たされたとか、夫のいびきで眠れなかったとか、子供が夜泣きをするとか、お姑《しゅうとめ》さんが文句を言っているとか、その程度のことです。そんなとき、のこぎりのたとえ話を思い出してみてください。「たとえ自分がのこぎりで切られても怒らないぞ！」ということを自分のモットーにしておけば、「なんだ、日常生活っていうのは単純なことばかりじゃないか」と気楽に生きられるのです。

第3週

賢者の道を歩む

① 智慧があれば人間らしく生きられる

学ぶことの少ない人は牛のように老いる。
彼の肉体は肥えるが、智慧は成長しない。（一五二）

この社会を観察すると、何がグルメなのか、服は何を着ればよいか、どんなバッグがおしゃれなのか、という具合に、自分の体に関する情報ばかり追い求める人々の姿が見えてきます。何を食べれば健康にいいのか、何をすれば若返るのか、自分を美しく見せるためにはどうしたらよいのか、そんなことばかり考えています。はっきり言えば、現代人の知識は肉体のためだけに費やされているようなものです。

もちろん勉強もしてはいるのですが、最終的には経済的な価値観で結論を出してしまいます。つまり、勉強をしてその知識でお金を稼いで、それをどう使うのかということだけを考えるわけです。結局は「次に何を着るのか、今度は何を食べるのか……」という思考パターンに陥り、「肉体のお世話をする」という、たった一つのテーマにかかり切りになってしまう。まるでそれが人間の生きる哲学であるかのように。

「それだったら、まあ牛とたいして変わりがないよ」とブッダは指摘されます。当然ながら、牛には大それた人生哲学などありません。「モー、何を食べようかなあ」というぐらいのことです。朝に何かを食べて、午後になってくると食べたものを全部反すうして、また食べる。次の朝になるとまた食べ始め、食べて疲れたら食べたものを反すうして……。だからよくよく観察してみると、なんだか人間の生き方というのは、牛のように惨めなものだということがわかります。私たちはただ上手にごまかしているだけで、結局は牛の一生と変わりがないのです。

現代人は青魚を食べると健康にいいとか、肉だけでなく野菜も食べなくてはいけないとか、さまざまな情報を集めては、偉そうに格好をつけて他人に話しています。飽食の時代と言っても、せんじ詰めれば「何を食べればいいのか」というだけのことです。ブッダはそういう生き方をしている人間をご覧になって、「体重はどんどん増えるかもしれませんが、牛と似ていますよ」と言われるのです。必死に苦労して働いて、高価な健康食品やブランドの品物を買い込み、なんとか小さな家に住んでいる。そんな生活をしている人間と牛にどんな違いがあるのでしょうか。

智慧のまなざしで観ると、人間は文化やら知識やら学問やら、いろんな分野でがんばっているようでいて、実は動物の生き方となんら変わらないということが、はっきりと観えてしまうのです。

もちろん、牛たちの間ではだれも、朝から一日中、草ばかり食べて、食べた物をまた反すうして寝るだけの一生を悪いとは思っていません。猿たちの間でも、だれも猿の生き方を悪いとは否定しないでしょう。百獣の王と言われるライオンたちも同じです。何か獲物をとって食べて、それからひたすら寝て、また何日間かたっておなかが空いたら獲物を追いかけて、とって、食べて、また一週間寝る。それがライオンの生き方だから、格好悪いとは思わないのです。

同じく人間も、ふつうの人間の生き方を格好悪いとは思わない。しかし、ほんの少し離れて観察してみると、やっていることは牛と同じなのです。だから、人間は物質的には豊かになっても智慧はそのまま。ずうっと動物と同じ次元に止まったままで、それを乗り越えようとしない。生き方をより高度な次元へ引き上げようとはしないのです。

人生に本当に必要なことは「何を食べるか」ではありません。「智慧の開発」です。危険なのは、人間が食べ物のことばかり、肉体を維持することばかり考えている間、まったく智慧の開発をしていないということです。そのままでいたら、極端なほど無知のまま人生が終わってしまいます。肉体はなかなか死にませんが、脳細胞はどんどん先に死んでいきます。しかも、そのほとんどが使われたことがないから、劣化が早い。そうすると、肉体はものすごく元気で八十年、百年ともつのに、四十代、五十代のころから脳細胞が壊れてボケてしまうのです。そんな状態で、あとの四十年間をどう過ごせばよいのでしょうか。だから人間は動物よりもはるかに恐ろしい、危ない橋を渡っています。

「食」について私たちが気をつけるべきポイントは、いのちをつなぐために必要な食べ物の量を知ること、よく味わってほどほどにおいしく食べること、それだけで充分なのです。世の中の人々がやっているように、食べることに神経をすり減らして人生の全精力をつぎ込む必要はまったくないのです。そんな生き方をしていて幸せになれるわけがない、というのがブッダの警告なのです。

食べ物のことや肉体のことばかり考えて、人格を育てようとしない人は、ささいなことでも緊張しておびえてしまいます。少々体の調子が悪くなっただけで神経が壊れて、精神的にどん底に落ち込んでしまうのです。忍耐力がないから、すぐに怒ってけんかばかりする。財産を守るためならどんな悪いことでもする。人殺しもするし、強盗もする。戦争まで引き起こす。残念なことに、そういう動物以下の生き方に人類はなれてしまっているのです。

他の動物は戦争なんか起こしません。自分のいのちだけ保てればいいという、ほどほどの欲を満たす限界のところで生きているからです。彼らは決して他の生命にまで迷惑をかけることはしません。みなさんは「牛に似ている」と言われて侮辱されたと思ったかもしれませんが、本当のところはもっとひどいのです。ブッダの時代ならば、「牛と同じ」で済みましたが、今はそのレベルよりもっと落ちています。人間は、牛よりも他のどの動物よりも大変危険な状態にいるのです。

人類は自分たちを破壊し破滅させるだけではなく、他の生命にも迷惑をかける生き方をしています。人間ならもう少し違う道があるのではないでしょうか。ブッダは智慧の大切さを説かれています。生きるとはどういうことか。自然の法則とはなんなのか。なんのために生きているのか。生きることに何か意味があるのか。意味があるのならば、なぜこんなに生きることは苦しいのか。そういったテーマについて、私たちはもっと考えるべきです。そして、今の人間よりも優れた生き方を実践するのです。

智慧を成長させる道を歩むならば、あなたも牛呼ばわりされない優れた人間として生きられます。こころのやさしい人になること、無常を観察すること、執着を捨てること、生きるとは何かと探検して事実を発見すること……。これらにぜひチャレンジしてみてください。

② すべての罪はうそから始まる

ただ一つの真理を逸脱し、うそをつき、死後の幸福さえも捨てている者には、犯せない罪はない。（一七六）

罪とは何か。私たちはどんな罪を犯してしまうのか。それを具体的に考えてみましょう。人を殺すこと、強盗をすること、会社のお金を横領すること、政治家が不正を働くこと、仲間を裏切ること……。人間はそれなりに自分の身の回りを見て、善悪を判断しています。しかし、よく観ると自分に対して都合の悪いことも悪だと決めています。不良の若者たちがグループを作ると、グループの中で仲間を裏切ることは悪いことになってしまいます。一人が抜け出して悪事を白状すると、自分たちの罪が全部明るみになってしまうからです。しかし、悪いことをしたならば、自首して法の裁きを受けることは社会から見れば正しいことでしょう。しかし、不良グループの若者から見れば、それがとんでもない裏切り行為であって、許し難い悪なのです。

このように世の中で言われている悪行為というのは、たいてい自分に都合の悪いことです。だから、人によって悪行為の中身が異なります。自宅に高価で価値のある骨とう品や宝石があり、それをだれかにとられたら「強盗なんてとんでもない悪行為だ」と思うはずです。もし、わが子がだれかに誘拐されたら、世の中で一番許し難い罪は誘拐だということになります。ならば罪というのは、自分の都合で決められるものなのでしょうか。

アメリカのジョージ・W・ブッシュ大統領から見れば、アメリカの戦争行為に賛成することが善行為で、反対したら悪行為です。戦争に反対する人は敵であり、悪魔であり、悪行為を犯した連中になるのです。どこの国でも戦争を起こす場合は、必ず大義名分を掲げて自分が正しいと言い張ります。しかし自分の友好国で起きた内戦に対しては「戦争をするな」と反対します。その場合は戦争に反対することが善行為になります。人間はいつも自分の都合によって、善行為と悪行為の基準を変えてしまうのです。

だから、世の中で一番の悪行為は何かという答えについては、やはり賢者に聞かないといけないのです。そこで、賢者たるブッダの答えはなんでしょうか。一番の悪行為は、「うそをつくことだ。事実をねじ曲げることだ」と教えています。キーワードは情報です。人間は言葉を使ってコミュニケーションをし、情報を交わして生きています。人間にとって情報というのは、いのちと同じように大事なものです。すべての商売・経済活動は何もかも情報によって成り立っているからです。農家の人なら、新しい世代にどうやって田畑を引き継いでいくのか、そのノウハウを言葉で伝えていかなければいけません。やはり農家の人々にとっても情報が大事なのです。人間の社会では、情報はいのちなのです。

現代は情報化社会ですから、さまざまな情報が飛び交っています。もちろん、私たちを混乱させるような不必要なゴミ情報も身近にはんらんしています。しかしインターネットを使えば、世界中のどこからでも多種多様な情報をいとも簡単に集められ、私たちの生活に役立てることができます。ですから「人間の命綱は情報である」ということは、昔も今も変わらない事実なのです。

しかし、その大切な情報をだれかがねじ曲げたとしたら、どうなるのでしょうか。事実ではない情報を伝えると、それによって社会や経済市場を破壊することができます。人をだますために、情報をねじ曲げ、決して正しい情報を提供しない。事実とはまったく違う情報を与えるような手法で悪いことをする。これらは人間がよくやっていることです。

国民を戦争に動員したければ、政府は自分たちに都合のよい情報を国民に流し、情報戦争を始めます。要するに国民を事実から隔離するため、一方的に誤った情報を流し続け、国民感情を刺激して戦争に賛成させるのです。国民のお金を使って、国民に人殺しをさせるのです。だから、死ぬのは国民で、お金を払うのも国民です。しかし戦争に勝利して得た利益は別の人々がさらっていきます。それでも国民はまたお金をかけて、そういう人々の銅像を作ったり、神社に祭って拝んだりするのです。本当はその人たちのせいで多くのいのちが犠牲になっているのに。戦争が起こる場合は明らかに情報戦争から始まって、一方的な情報を流すのです。昔も今も同じで、現在起きている戦争も、同じプロセスを踏んで始まっています。

情報をねじ曲げること。それは数ある罪の中でもっとも大きな罪だと見なすべきです。わかりやすく言えば「うそをつくこと」がもっともいけない行為だということです。どんな罪でも、まずうそをつくことから始まるからです。あらゆる罪を犯してきた人は、「うその達人」ということになります。うそは「罪の親分」なのです。

だから仏教の国では、小さいころから「冗談にでも、うそを言ってはいけない」と教えています。うそをつくことで、人間はだめになるのだと。自分がうそをつくような人間だったら、人生を捨てる方がましです。「麻薬をやめますか、人間をやめますか」という標語がありますが、この麻薬と同じくらいうそは罪深いことなのです。「うそをやめますか、人間をやめますか」「うそをやめますか、それともすべての幸福を捨てますか」と言ったら、みんな驚くかもしれませんが……。

賢者から観れば、罪の世界はそういう仕組みになっています。人間が平気でなんのためらいもなくうそをつくから、平和が失われて戦争が起こるのです。夫婦げんかは絶えませんし、子供同士のけんかも盛んです。学校でいじめがあったとしても、先生たちは「体面にかかわる」とか「学校の名前に傷がつく」とか言って事実を隠してしまう。これも立派なうそです。初めから事実を知っているのに、取り返しのつかない問題が起きたら、「予測もできなかった。びっくりした」などと国民に向かって堂々とうそを言う。二〇〇五年四月二十五日に尼崎でＪＲ福知山線の脱線事故が起きたときもそうでした。ＪＲ西日本の幹部職員が最初に考えたのは「どうやってうそをついたらごまかせるか」ということでした。問題を解決しようとする前に、そちらに頭が働いたのです。たくさんの人が亡くなっているのに、さらにまた被害者に嫌な気持ちまで与える羽目になったわけです。

　そうやっていたるところにうそがはびこっているから、社会はおかしくなるのです。

私たちは子供に「いい人間になりなさい。人に迷惑をかけるなよ。うそをつくなよ」としつけをするのですが、子供は大人に向かって聞きたいことがいっぱいあるはずです。子供たちから大人を見ると、大人こそ、うそを言っているのですから。

「いい人間になりなさい」と偉そうに言っているけれど、その大人は子供から見れば、だらしなくて嫌な人間なのです。母親が子供に「うそをついてはいけません」と言っても、その母親がいろいろなうそを、あちこちで言いふらしている姿を子供は見ています。だから子供はしつけられてもそれをまじめに聞く必要はないと思ってしまう。だから子供をしつけする段階から、うそという罪が人間形成の大きな妨げとなって、人格にダメージを与えています。うそをつくことこそが、まさに罪の親分なのです。

③ 善行為という処方せん

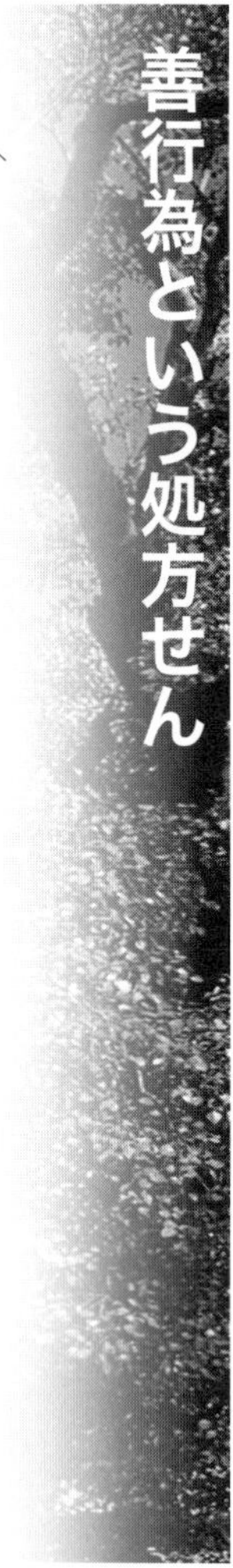

かつて悪を犯した人であっても、
のちに（たくさんの）善を行なうならば、
その人はこの世を輝かす。
雲を離れた月のように。（一七三）

「人間は間違いを犯すものだ」という格言があります。どんな人間であろうと、いつかは必ず何かの間違いを犯すという事実を示しています。問題はその間違いをどう受け止めるかです。人は自分の間違いには寛容ですが、他人の間違いに対しては偉そうに牙《きば》をむいて糾弾します。だから、この世界ではいつもトラブルが絶えません。「人はだれでも間違いを犯すものだ」というのであれば、他人の間違いにはいくらか親切な態度をとるべきでしょう。人間の悪いところは、他人の間違いを認めないことです。そのくせ自分が間違いを犯せば、悪びれもせずに「私だって人間だから、間違うことはあるよ」と開き直ってしまうのです。これでは相手を侮辱したり、攻撃したりするために、格言を悪用しているようなものです。

人から「人間は間違いを犯すものだ」と言われると、私たちは「ああ、そうか。なるほど」と納得して話が終わってしまいますが、ブッダならさらにもう一歩踏み込んで話をします。「それでは、どうすればいいのか」と質問をするのです。仏教ではこの問いかけを非常に大切にしています。なぜなら人生では常にあらゆるトラブルが起こるからです。それは私たちが生きている以上、決して避けられないものです。どんなトラブルにも対応するためには、絶えず「では、どうすればいいのか」ということを考えていく必要があります。

人間は間違いを犯さずに生きていくことはできません。では、どうすれば幸せな人生を歩んでいけるのでしょうか。ブッダは「間違いを犯したら、それよりもはるかにたくさん善いことをしておきなさい」と言われています。もし、人生で何かを失敗したら、それより何倍も善いことをすれば、間違えたことなど見えなくなってしまうのです。それどころか社会から評価されるでしょう。ささいな失敗をわざわざ引っ張り出してきて、とやかく文句を言う人などいません。

ところが、社会から注目を浴びるような存在になると、その人を故意におとしめるために、過去の過ちを徹底的に調べ上げ、世間に言いふらす人たちがいます。それは恐ろしい犯罪で、非人間的なやり方です。どんなに立派な人間であっても調べてみれば、過ちの一つや二つぐらいはあるものです。それで別にどうということはありません。それよりも、どれくらいその人がいい人間として生きていたのか、ということが大切なのです。

たとえ十年前、あるいは二十年前に犯した過ちが世間に発覚したとしても、私たちが聞くべきことは「あなたは過ちを犯してから、それを消すためにどれくらい善いことをしたのか、どんな努力をしてきたか」ということなのです。間違いを犯したから「いけない人間だ」と決めつけるのではなくて、その間違いを償うためにどのくらい善いことをしたのか、ということが一番大事なのです。

この偈でブッダが説かれているのは、罪を犯したことに足を引っ張られるのではなくて、それを踏み台にして一つでも善いことをしようではないか、ということなのです。「犯した間違いを自分の人生を防御するための、踏み台にすることはできる。その間違いが見えなくなってしまうほど、たくさんの善行為をしよう。それこそが立派な人間の生き方であり、そういう人々が世の中を輝かせるのだ」

とブッダは言われているのです。しかし、それは悪行為をしても、善行為をすれば何もかもが帳消《ちょうけ》しになるという意味ではありません。たとえ罪を帳消しにはできなくても、とにかくなんでもいいから善いことをしなさい、それ以外に道はないとブッダは教えているのです。

少し大胆なケースで考えてみましょう。たとえば、人を殺してしまったからといって、もう一度、その人にいのちを与えることなどあり得ません。帳消しにしようとしても、それはできないのです。

ブッダに帰依して、のちに阿羅漢となったアングリマーラ尊者の話をしましょう。かつて彼は多くの人を殺した殺人鬼でしたが、最高の善行為によって阿羅漢になり、すべての罪から解放してもらいました。だからと言って、残酷に殺された人たちはどうなるのか。その罪はどんな善行為を積んでも帳消しにはできません。殺された人々や親せきは、相当な怒りと憎しみを抱いているでしょう。尊者が阿羅漢になり、すべての罪から解放されたからといっても、彼らには納得がいきません。だからといって報復することが許されるでしょうか。そこでブッダはきちんと国王に事実を説明して、尊者の罪を免除するように言われたのです。尊者に憎しみを抱く人たちが、報復という形で新たな罪を犯せないようにしたのです。法律上、無罪の尊者に報復すれば、今度は自分たちが罪を問われてしまうからです。

罪を犯した人に仕返しをするというやり方を仏教では認めていません。罪を犯した人は、自分でそれなりに償いをし、善行為を積むのが唯一の道です。犯罪の被害者たちがその人に仕返しをするということは、新たな罪を犯すことであって、それで相手の罪を帳消しにすることはできません。

たとえば、自分が人を殴ったとします。「悪いことをしました。では、私を殴ってください」と言っても、それで自分の罪を帳消しにはできません。私を殴った人々が、また人を殴った罪を犯しているだけなのです。そうではなくて、「私は怒って人を殴った。しかし、これからは怒りません。何があっても我慢するぞ、忍耐するぞ、平和のためにいろいろ行動するぞ」というように、たくさん善いことをすると、善行為の重さで罪がつぶれてしまうのです。それしか、罪を償う方法はありません。だから、仏教という真理の世界では俗世間の考え方とはずいぶん違います。

多くの日本人は殺人事件が起こって、加害者が裁判で死刑判決を受けると、それでよかったと言いますが、仏教では決して認められない行為です。死刑を歓迎することで被害者の家族が新しい罪を犯したことになるからです。テレビのニュース番組などで、自分の娘を殺された親が「裁判で犯人の死刑が確定し、これで娘は救われます」という姿を目にします。しかし、それで娘さんが救われるわけではありません。被害者の家族が犯人を殺すことを喜ぶならば、自分たちも人殺しの罪に汚染されます。残念なことに、被害者の家族も新たな殺人を犯してしまうのです。最近の日本で特に顕著な問題ですが、そういう悲劇は真理を知らないから起こるのです。

どんな人間でも、なんらかの罪を犯して生きています。罪を犯さずに生きていくことは困難です。だからと言って「じゃあ、いいじゃないか」ということにはなりません。罪には必ず悪い結果があるからです。

では、どうすればいいのか。ブッダはたくさん善いことをしなさいと教えています。善いことをたくさんすれば、善行為の重さで罪がぺしゃんこになってしまうからです。それが人格者のすべき行為であって、そういう人間こそが世界を輝かせるのです。

④ 忙しい人の正体は怠け者

以前は怠る者であっても、
（それに気づき）怠らない人間になるならば、
その人はあたかも雲を離れた月のように
世を照らす。（一七二）

「怠け者」という言葉を聞くと、何もしないでぼけっとしている人を思い浮かべます。しかし実際のところ、怠け者はけっこう忙しいのです。何もしないで座ってお菓子ばっかり食べている人が、「さて、掃除でもしましょう」と思い立ったところで、いつまでたってもやり始めません。

なぜやらないかというと、頭の中であれこれとごちゃごちゃ考えているからです。「別に毎日掃除をしなくてもいいんじゃないかなあ……。人間にはもっと大切なことがあるんじゃないかなあ……」という具合に考えているから、時間がなくなって忙しくなります。忙しいからいろいろな仕事をやり残してしまいます。だから忙しい人の正体は怠け者なのです。

怠け者は時間をとても無駄に使います。こころがちっとも落ち着いていないから、彼らはいつも「忙しい」と言っているのです。それは生きることに失敗していることを意味します。あまりにも真剣に「忙しい」と言うときほど、人はどこかで失敗しているのです。「やることが多過ぎて忙しい」と言っても、一日の時間は決まっています。その範囲でやるべきことをやればいいだけの話です。それをやっていない人は、いつでも

「忙しい」という強迫観念を抱いてしまうのです。本人がいくら忙しがっていようと、実際にはほとんど仕事は片づいていないのだから、客観的な評価は怠け者ということになります。本人にしてみれば、「時間がなくて仕事ができない」ということになるのでしょうが……。でもそれは、いろんな仕事をさぼっていることへの言い訳なのです。

子育てに失敗すると、親たちは決まってこう言います。「もっと子供が小さいときに遊んであげればよかった。でも、あのときは仕事が忙しかったから……」。でも、そのときに子供と遊んでやることが、その親にとって「やらなければいけない仕事」だったのです。どんなに「忙しかったから……」と言い訳をしても、子育てを怠けていたことに変わりはありません。

猛烈に仕事をしている人は、そのために他のことがおろそかになっていても言い訳はしません。締め切り前のライターの部屋は散らかり放題で汚いかもしれない。でも彼は一つの仕事に集中して取りかかっています。そういう人は「忙しくて部屋の掃除ができなかった」などと情けない言い訳をしません。奥さんには怒鳴られるかもしれませんが、自分が真剣に仕事に打ち込んでいれば、そんな言葉は出てこないはずです。部屋を掃除していたら原稿の締め切りに間に合わなくなるのですから、もはや掃除など自分が今やるべき仕事ではないのです。だから、たとえ部屋が汚れていても、いらいらしたり嫌な気分になったりすることはありません。

もし、原稿の締め切りにも間に合わず、部屋の片づけもできていないなら、その人はいろいろ文句を言って周囲に当たり散らすでしょう。そういう人を怠け者と言うのです。どちらの仕事もできていないのだから。時間の流れの中で、そのときにやるべきことをしっかりとやっていれば、こころはいつも落ち着いていられます。

大事なことは時間を無駄にしないことです。そのためにはきちんと一日のスケジュールを決めてこなしていかなければなりません。お金を稼ぐ仕事以外にも、掃除をしたり、洗濯をしたり、ごはんを作ったりするときも、一分単位でてきぱきと取り組んでいけば、ふつうの人より何倍も仕事をこなせます。部屋の掃除をしてもらったり、ごはんを作ってもらったりするために奥さんをもらうという発想の人は、はっきり言えば怠け者です。客観的に見て「これはどうしても時間的に無理だから、人の手を借りましょう」という場合は怠け者ではありません。

ブッダは「怠けている人はものすごく忙しく振る舞う。怠けない人、怠らない人は忙しく振る舞わない」と言われています。怠けない人は冷静に淡々と、やらなければならないことをしっかりとこなしていきます。周囲から文句を言われるからといって、あせって走り回ることはしないのです。

冒頭の偈にまつわる物語を紹介しましょう。あるお坊さんがお寺で朝も昼も夜も掃除をしていました。お寺には長老がいます。その長老は毎日早朝のお勤めを終え、朝食を済ませると、一日中ずうっと冥想をしています。すでに長老は悟られていました。もう一方のお坊さんは、朝から寝る時間までお寺じゅうを隅々まできれいに磨き上げていました。もちろん、そのお坊さんはとてもがんばっているつもりでした。それだけに彼は長老に対し不満をつのらせていました。長老の姿が何もせず、ただごはんを食べて座っているだけのようにしか見えなかったからです。お坊さんは長老に怒りを込めて言いました。「長老さまは信者さんから布施《ふせ》（食事）をいただいているのに何もしていないではないか」。すると長老はお坊さんに「怠ける」ということの本当の意味を語り始めました。

「人は自分の仕事を一生懸命にやるべきなのです。いったい、あなたは掃除をするために出家したのですか。解脱《げだつ》するために出家したのではないのですか。あなたは仕事をしていると思っているかもしれませんが、本当は怠けているのです。一分たりとも休んでいないからといって、自分はがんばっているなどと勘違いをしてはいけません。あなたは相当な怠け者ですよ」

長老の言葉にお坊さんは、はたと気づきました。

「俗世間では朝から晩まで掃除をしていれば『よくがんばるお坊さんだ』と評価されても、仏教の教えに照らせば自分は相当な怠け者だ。今まで本来やるべき仕事をしていなかったのだから……」

それからというもの、お坊さんは朝早くにだけ掃除をして、あとはひたすら冥想の修行に打ち込むようになりました。そして、ついに悟りを開いたとき、周囲を見渡すとお寺のあちこちが汚れていました。事情を知らない他の人々から「どうして掃除をしないのですか。以前と違ってずいぶんお寺が汚れていますよ」と言われたとき、お坊さんは「ああ、昔は怠けていたので、よく掃除をしました」と答えたそうです。

何もかもやろうとするのは、ただ智慧がないというだけのことです。何もかもするのではなく、自分の本業をしっかりとやり遂げること。それで他のことができなくなってもかまいません。怠け者に限って、何もかもやりたがるものです。もう一度、ブッダの教えを思い出してください。「怠ける」という言葉の本当の意味は何か。それは「やるべきときに、やるべきことをやらないことだ」ということを――。

⑤ 「好き・嫌い」という重荷を捨てる

自分の道を外れることに親しみ、
自分の道を歩むことに親しまない。
人生の目的を捨てて楽しみにしがみつく人は、
自分の道を歩む人をうらやむようになる。（二〇九）

人間というのはおもしろいものです。自分が何かをするとき、決まってしてはいけないことをするのです。何かを話すときは、話してはいけないことを話してしまう。何かを考えるときにも、考えてはならないことを考えてしまう。これはもう、ほとんど決まりきったパターンで、どうにもならない人間の特性になっています。

俗世間ではよく「経験に学びましょう」と言います。それは一般的に「失敗して学ぶ」ということを意味します。とことん失敗しないと学べないわけですから、結果は最初と同じになってしまいます。世間の人々は、「失敗したのだから仕方がない。あなたはその経験から何かを学びなさい」と言うのですが、学ぶことには切りがありませんし、一つの失敗からたいしたことは学べません。それで人生が成功するわけではないので、結局は一生失敗ばかりすることになってしまいます。

私たちのこころは変なもので「悪いことが大好きで、悪いことしか好まない」という特性があります。親が子供にしてほしいのは勉強をすることですが、子供は遊ぶことしか考えていません。これこそがやりたいことであり、最高の幸せだと思っている。しかし人生経験を積んだ親からすれば、子供のときはしっかりと勉強をしてほしいのです。

でも、小さな子供ほど嫌がります。では二十歳になった人はどうでしょうか。二十歳になった人がやりたくてたまらないことは、三十歳の人から見ればとんでもなく愚かなことです。では、四十歳になった人はどうでしょうか。五十歳の人から見れば……。つまり、いつでも同じ繰り返しであって、賢者から見れば、私たちはいつでもとんでもないばかなことをしていることになるのです。

七十歳、八十歳になってくると、ほとんどの人々はもう何もできない状態に衰えてしまいます。今までの経験は全部、関係なくなってしまう。結局、人生の最後まで失敗を積み重ね、やってはいけないことをやっているのです。

では、どうすれば失敗を繰り返さずに、やるべきことをやるようになるのか。みんなにがみがみしかられて、脅かされて、やっとできるようになるのです。だから、子供たちに勉強をさせるにしても、親はものすごく苦労しなくてはいけない。わが子に嫌な思いをさせなければいけないのです。それは職場でも同じこと。新入社員は上司からかなり厳しい指導を受けないと、仕事を覚えません。当然、彼らは仕事がきついと泣き言を言ったり、上司が厳し過ぎるなどと文句を言います。

しかし、もし上司がやさしくて親切だったら、彼らはつけあがってとんでもないことをしでかすでしょう。みんな親切に育ててほしいと期待はするけれど、親切にされて育つような器にはなっていない。やさしくしてしまうと、何をしでかすかわからないというのが人間なのです。だから人間のこころは、苦労して育つようにできています。勉強も、仕事も、家事も、何もかも、嫌々こなすようにできているのです。自分が嫌々やっていること。それこそが本当にやらなければいけないことなのです。

おもしろいことに人間というのは、やらなければいけないことは嫌々こなし、決してやってはいけないことを楽しくやってしまいます。たとえば、日々、家事と育児に追われている主婦が、息抜きに大好きなパチンコに行ったとします。その人はパチンコに没頭し、日ごろのストレスを発散しました。つまり、家事や育児によって、相当なストレスをため込んでいたわけです。主婦としてやるべきことを嫌々やっているわけですから、ストレスがたまるのは当然です。そして、今度はストレスを発散するために、時間とお金を無駄にしてでもパチンコに行くわけです。しかし、やるべきことではないことをいくら楽しんで実行してみても、人生が成功することなどあり得ないのです。

私たちが日々やっていることは、本来やってはいけないことばかりですから、「そうした経験から何かを学べ」と言われても、一生涯何も学ぶことはできないのです。四十歳になってから「もっと二十代のころにしっかりと勉強しておけばよかった……」と後悔しても意味がないのです。二十代でするべきことはなんだったのか、その人は自分の経験でよく知っています。かつて借金とりに追いかけられてひどい目に遭ったときも、「やっぱりお金を無駄遣いしないで節約した方がよかった」と、経験からよくわかるのです。しかし、その経験は自分にとってなんの役にも立たない。もう遅い。それが人生なのです。

そういう人々の中にあっても、勉強をするべきときは勉強に励み、仕事をするべきときは仕事に打ち込む、という立派な人たちがいます。楽しいか苦しいかは関係なく、とにかくこれはやらなくてはいけないから、やるのだと。育児が楽しいとか苦しいとか、そんなことを言っていられる場合ではないのだと。そうやって、楽しさを追うことは捨てて冷静になって、「やらなければいけないことを、とことんやろう」とこころに決めて実践するのだから何事も成功します。その人は二十歳のときも成功するし、三十歳でも成功します。八十歳のときも成功するでしょう。八十歳になったら八十歳でやるべきことをやればいいのです。

人生の成功者について一貫して言えるのは、自分がやるべきことを楽しんだり、苦しくて嫌だと投げ出したりしないということです。つまり、苦楽を乗り越えているのです。そのレベルに達したならば、おのずと人生は成功してしまうのです。楽しいことばかり追い求めている人々は、楽しいも苦しいも気にせずに自分のやるべきことをやっている人々のことを見ると、うらやましく感じます。うらやむばかりで自分が変わらないのであれば、かわいそうなだけですが……。

私たちが気をつけるべきポイントは、楽しいことや好きなことに「誘惑される感情に簡単に負けないこと」です。あるいは智慧をもって冷静さを保ち、「今は楽しいとか苦しいとかいう価値判断をしている場合ではないのだ。その場その場でやるべきことをやらなければいけないんだ」と決めることです。

たとえば自宅が家事になって、子供が家の中に取り残されているとします。そんなとき「火がこわい」とか「熱いのは嫌だ」とか言っていられるでしょうか。当然、火はこわいし炎は熱い。有毒ガスを吸い込んだら死んでしまう可能性もある。しかし、そんなことを考えていたら、子供を救うことなどできません。

私たちは智慧を完成していない無知な人間にすぎませんから、物事を決めるにあたって、楽しいか苦しいか、好きか嫌いか、という基準に従っていたら絶対にだめなのです。そんな感情の誘惑に負けてしまったら、どんどん苦しくなるだけです。人生に失敗し、ものすごく不幸になるだけなのです。

だから私たちはしっかりと覚悟を決めなければなりません。生きている間は、「楽しいことをやろう」とか、「やりたい仕事をして生きていこう」とか、そんな選択はあり得ないのです。やりたい仕事など見つかるはずがありません。そんな幻を追い求める暇があったら、今できる仕事をすることです。「やりたい仕事」ではなく、「できる仕事」をするのだ、と腹を決めてみてはどうでしょう。もし、今の自分の実力でできる仕事がないのなら、努力をして仕事ができるようになればいいのです。

人間は常に変わることができます。頭の中のプログラムから「好き嫌い」の基準を取り除いてしまえば、人生は成功します。私たちが楽しいとか苦しいとか言っている間もなく、世の中は時々刻々と変化していきます。自分自身をその変化に合わせて、そして好き嫌いという基準を捨てて、常に行動していかなければならないのです。

⑥ 人生でもっとも危険な煩悩

性欲に等しい火はない。
怒りに等しい損失はない。
五蘊《ごうん》に等しい苦しみはない。
こころの平安に勝る楽はない。（二〇二）

世の中でもっとも恐ろしく危険な火は性欲（ラーガ）であると、ブッダは説かれています。それに対して、俗世間ではさまざまな異論を立てます。「性欲は自然な欲求だ、人間にとって必要なものだ」と主張する人もいるでしょう。「では性欲が必要だという科学的、生物学的な根拠があるのですか」とブッダは問い返します。

生命には呼吸することが必要だという主張ならば、きちんと根拠があります。呼吸によって酸素を体内に取り入れなければ、細胞が死んでしまうのですから。生命には栄養が必要だ、という主張にも根拠があります。細胞はある時間がたつと壊れて体の外へ出て行ってしまうからです。つまり、また新たな細胞を作るためには材料（栄養）が必要なのです。

では、性欲はどうでしょうか。私たちは「とにかく性欲は必要だ」と言い張るのですが、性欲は何か善いことをしてくれるのでしょうか。性欲を満たせなくて病気になったり死んだりするケースは一つもありません。それどころか性欲が病原菌のように体内に入ると、どんなに危険で恐ろしいことでもやってしまうのです。

動物たちはふだんは平和で穏やかに暮らしているのに、繁殖期になるとお互いに憎しみ合ってけんかをして、けがをしたりひどいときには殺し合ったりもします。そこで他のオスたちとけんかをして、なんとかメスと交尾できたからといって、その動物に何かいいことがあるのでしょうか。なぜそんなに必死になって子孫を作るのかということを、自分でもわかっていないのです。ただ性欲の奴隷になって、子孫を残すためならどんな苦しみもいとわないわけです。

犬や猫だけではなく、平和的な動物の象徴であるゾウも、繁殖期になると危なくて近寄れません。性欲に燃えて、完全に頭がいかれてしまうのです。ふだんはとてもかわいくて、人間の言うことはなんでもやってくれる平和的な動物なのですが、繁殖期になると、ゾウ使いでさえ殺しかねないのです、

生命に性欲が入ると、思考も価値観もおかしくなってしまう。道徳はひとかけらもなくなって、燃えた状態になる。その変化があまりにも強烈だから火にたとえられているわけです。その火が燃え盛る原因はこころにあります。性欲は肉体的、生物学的な原因で起こるわけではなく、人のこころが生み出すものです。性欲は煩悩の一つで、あらゆる精神的な病気は性欲に絡んで発症します。煩悩の中でも特にたちの悪いものなのです。

ですから、生物学的に性欲が必要だという理屈を並べても話になりません。おなかが空いたらごはんを食べるべき、のどが渇いたら水を飲むべき、というのは医学的に根拠がある答えです。しかし、性欲を満たすべき、という答えはどこにも見当たりません。性欲を満たすために女性に近づくべきだとか、痴漢をするべきだ、などという理屈はまったく成り立たない話なのです。

たとえば元気いっぱいの若い男女にしても、何か別のことに夢中になると性欲を忘れてしまうものです。性欲の盛んな若い男の子が、ある女の子を気に入ったとします。彼女をデートに誘ったとき、たまたまホラー映画でも見てしまったら、上映中はスクリーンに釘づけで、女の子に対する下心なんかはきれいに消えているでしょう。別なことに気持ちが移ったとたんに性欲など忘れてしまうものなのです。性欲が生物学的に説明できるホルモンの作用だとしたら、そう簡単にはいかないはずです。たとえば、男女二人が人目につかない場所に隠れて何かいかがわしい行為をやっているとします。そこに突然だれかが入ってきたらどうですか。ましてや自分の親や兄弟が目の前に現われたら、恥ずかしさで逃げ出したくなって、性欲などたちまち消えてしまうでしょう。生物学的な原因だったら、そうはならないはずなのです。

　仏教では人間の若者が肉体的に異性と交わることを怒っているわけではありません。ただ、「火は用が済んだら消すものです。ずうっと燃やすものではない」と言っているのです。人間だけは、性欲を死ぬまで燃やして生き続けてしまう。燃やすために、あれこれと工夫する。漫画にせよ、映画にせよ、小説にせよ、性欲を引き立てる場面がなければ、だれも見ようともしない。そんなに興味がない人でも、見るものによって、聞くものによって、突然、頭の中で性欲の炎が燃え上がる可能性はあります。だから実際の火を扱う場合と同じく、かなり気をつけた方が身のためなのです。火はほんの少し扱い方を間違えただけで、すべてを焼き尽くしてしまいます。特に若い人々も、性欲に対しては、「これは火と同じなんだ」と覚えておけば、自己管理はできると思います。

　次に危険なことは前にも述べたように、何に対しても怒ることです。怒りは人生に大変な損失を与えます。私たちは常に競争社会で生きていますから、まるで「怒り」が自分の持ち物のようになっています。怒りと自分とが一心同体になって生きているのです。幼稚園に入ったころから、競争思考を植えつけて子供に怒りをたたき込む。怒りを管理することなく、競争をあおるのです。

しかし、ブッダは「怒りは負け」だと言われています。怒りは競争によって生み出される感情です。競争すれば、だれでも当然勝ちたいでしょう。負けて格好いいはずがないのですから。しかし、競争に勝つには怒りが生じるので、仏教では負けることになるのです。怒るということ以上の「負け」はないのです。怒りによって私たちは自己破壊をしてしまい、理性にもとづいて人生にチャレンジすることができなくなるからです。勝負というのは将棋のようなものだから、相手もそれぞれの駒《こま》を動かします。別に怒る必要はありません。相手の駒の動かし方を計算して理解して、自分の駒を動かせばいいのです。そこに怒りが入り込んでしまうと、必ず負けます。

人間は競争主義で生きています。それは資本主義と同じものです。弱いものを負かして自分が勝ってやるぞ、という怒りから、戦争、人殺し、銀行強盗、そういったあらゆる破壊的な現象が生まれているのです。

だれかがお金持ちであることに腹を立て、「あそこにはいくらでもお金があるから盗んでやる」と強盗に入ったとします。それで盗人《ぬすびと》は自分がお金持ちになるのでしょうか。お金持ちに何かいい教訓を与えたことになるのでしょうか。どちらもあり得ません。罪を犯して自分が人生に負けただけです。

恐ろしい戦争も怒りによって起こります。怒りのせいで、人間は生きることに失敗するのです。人生のいかなる場合でも、怒りだけは抑えた方がいい。怒らない方がいいのです。「怒ったら負け」というのが仏教の考え方です。もし人生に負けたければ、思う存分に怒ってください。人生に勝ちたければ、いかなる条件の中でも怒らないで生きることです。

次に、五蘊ほどの苦しみがない、というのはどんな意味でしょうか。私たちがふだん「苦しみ」と言う場合には、仕事が大変だとか、勉強が大変だとか、何か苦しみが自分の外にあるように勘違いするのです。地震が起きたから、苦しんで悩んでいる。家が火事で燃えてしまって、苦しんで悩んでいる。そう見ると苦しみが外にあるように思うのでしょう。台風で果樹園の木が全部なぎ倒されて、何千万円もの損害に見舞われたとします。それで苦しいという場合も、苦しみが自分の外にあるように感じてしまうものです。本当は、苦しみとは私たちの体そのものなのです。肉体が苦しみを作るのです。大切に育てたみかん畑が台風で台なしになってしまったとしても、それは自分に肉体があるから困っているのであって、台風で木が倒れたことと、自分には何も関係がないのです。自分の体があるから、そこに苦しみが生まれるのです。

仏教では体とこころを五つの要素に分けて、五蘊と言っています。（一）肉体（二）感覚（三）考え方（四）感情、そして（五）自分のこころ。それらが苦しみを作るのです。肉体が苦しみであって、感情が苦しみであって、思考が苦しみであって、どれも自分の外にあるものではありません。「蚊に刺されてかゆい」というのも、やはり自分の体の感覚です。その感覚があるから、苦しむのです。

よく「蛇は嫌いだ」とか「虫は苦手だ」と言う人がいます。虫が苦手な人のところに羽虫なんかが飛んでくると、驚いて飛び上がったり、悲鳴を上げたりするものです。しかし、虫はそこまで恐ろしい生き物でしょうか。別にどうってことのない無害な生き物でしょう。虫を気にしない人なら、虫が飛んできて自分の体に止まっても平気です。虫を恐れる人が悲鳴を上げておびえる原因は、虫が作ったのでしょうか。虫が原因だと言うなら、かわいいと思っている人にも同じ苦しみ、恐怖感が生じるはずです。だからその場合も自分の感情が苦しみを作っているのです。

そうやって五蘊の一つひとつに引っかかって、自分が苦しんでいる。自分で自分の苦しみを作っているということなのです。だから逃げるところはありません。トラがこわいのであれば、トラから逃げればいい。自分の外に苦しみがあれば、逃げてしまえばいいのです。しかし、自分が苦しみそのものだったら、どうすればいいのでしょうか。

この偈の最後では、すべてに勝る楽とは何か、ということを教えています。それは「こころの平安」なのです。こころが平安であれば、幸福だということです。人間は苦しみだけではなく、楽しみもまた自分の外にあると思っています。外にあるはずの幸せを探し求めて、走り回っているのです。しかし、苦しみと同様に「外にある幸せ」など幻ですから、自分のものにしようと走り回ったところで何も得られません。

人間は幸福になりたくて、幸福とは反対の方向に走っています。とにかくお金をもうけたい、ダイエットをしてやせたい、背をもう少し伸ばしたい、と自分の外側に幸福を追って走っています。しかし、苦しみが外にはないのと同じく、楽しみも外にはありません。自分が苦しみであるならば、楽しみも自分から生まれなければいけないのです。

幸福とはこころが平安であること、「欲しい、欲しい」という渇愛がないことです。欲しいという気持ちに燃えて、外へ向かって走り回る状態が消えたとき、こころは平安になります。それこそが究極の「楽」なのです。

7

快楽ではなく智慧を探し求めよう

なぜ笑う。何が楽しい。
炎に包まれている（燃えている）のに。
暗やみに覆われているのに。
なぜ光を求めないのか。（一四六）

私たちは絶えず「何をして遊ぼうか、何をして笑おうか、何をして楽しもうか」という衝動に駆られて生きています。それは子供の生き方を観ているとよくわかります。子供はいつも「きょうは何をして遊ぼうか」ということばかり考えています。いわば、それが子供の人生哲学なのですが、実際には死ぬまでその哲学は変わりません。

私たちは周囲の人々から何を言われても、「何をして遊ぼうか」という哲学で生きています。当然、大人になるにつれて社会的な義務や責任が生じてきますから、仕事をしなければいけないし、家族も守らなければいけません。必然的に遊ぶ暇がなくなるだけのことであって、子供のときからの哲学が変わったわけではないのです。だから、機会があったら、だれとでも遊びます。とにかく楽しもうとする。それが人間の生き方です。それをブッダは「あなたは何をして笑っているのか」と指摘されているのです。この世の中で、笑うものは何もないのです。泣けるものなら、いっぱいありますが……。

日常にはいろいろな笑い話がありますが、わざわざ人々を笑わせるために、ありのままの現実（自然）や法則をねじ曲げたもの——ナンセンスであり得ない話ばかりです。しかも人々はなんの意味もない話ほど、笑ってしまいます。楽しむ場合も、自然のままでは楽しめないのです。何かふざけたおかしいことをしないと。

　ここで二つの論理が出てきました。一つは生まれてから死ぬまで、人間の哲学は「何をして遊ぶか」であるということ。二つ目は遊びの楽しみが「ありのままの事実ではなくて、それに逆らってふざけることにある」ということです。たとえば、女性がひげをつけて、男性のように踊ったり、反対に男性が女装をして踊ったりすれば、みんなが愉快に楽しめます。倒錯《とうさく》というか、ごまかしというか、事実をねじ曲げて楽しむわけです。世の中の出来事をその通りに語っても、だれも笑えません。まったくとんでもないこと、あり得ないことを、いきなり言われると大笑いしてしまう。ありのままの事実では、笑えないのです。

　では、自分たちが笑って楽しめることなら、なんでも事実や法則をねじ曲げてもいいのでしょうか。そこにはとても危険な要素が隠れています。自分たちの喜びだけを考えて、人をいじめて楽しむとか、人の財産を奪って喜ぶといった現象が起きているからです。こうした行動が正当化されたら、世界はどうなってしまうのでしょう。みんな無知で終わってしまいます。ありのままの事実は見えなくなって、社会の秩序が壊れてしまうのです。隣国を侵略して領土を奪っても、そこで財産を盗んで遊んでも「いったい、何が悪いんだ」ということになってしまうわけです。

極論に聞こえるかもしれませんが、こうしたことはすべて現実に起きている事実です。遊ぶことは悪くない、楽しめることならなんでもいい、ということは、世間では絶対にあってはならないのです。それは愚者の道になってしまいます。この場合は私たちが生まれつきもっている哲学を変えなければいけません。何をして遊ぶかではなく「生きるとはどういうことなのか」を直視するのです。

常に何をして遊ぼうかという衝動に駆られる気持ちはわかります。それは決して自分が育てた考え方ではなくて、無知である人間にそなわっている感情だからです。そもそも人間にとって生きることは大変だから、遊びたくなるのです。本来、生きることはおもしろくありませんから、人間はおかしいことをして楽しもうとする。それが人間の判断ミスなのです。

生きることがまったくおもしろくないのであれば、生きることに執着などしません。人生を楽しむために事実をねじ曲げておかしなことをするというやり方は、仏教では認めていません。もとからおもしろくないものには執着する必要はないのです。だからブッダは常に自然の法則を変えずに、理性的な答えを私たちに示されているのです。自然の法則の中では生きるということは、おもしろくないし、大変苦しいものです。人生は苦しみに満ちているのがふつうですから、「どうすれば生きることに執着できるか」と考えること自体が間違いなのです。だから、やるべきことは、「もう、いいや」と執着を捨てることです。

私たちが楽しい、おもしろいと思うことはすべて、人生そのものをごまかすことです。お化粧をしたり、おしゃれをしたりすることと同じで、ごまかすことになります。おしゃれをして楽しいということは、本来の自分の姿を隠すということです。漫才を聞いて笑ってしまうということは、本当の事実ではない話を聞いて喜んでいるわけです。

だから、ブッダは私たちに厳しく問いかけています。「何に笑うのか」「何がおもしろいのか」と。そして「すべては燃えているのに……」と説かれている。つまり、あなたたちは燃えさかる炎の真っただ中にいるのに、何がおもしろいのか、と問い質しているわけです。

生きていれば、毎日歳をとります。日増しに、はたさなければならない責任やら義務がどんどん増えていく。それらをすべてはたしても、自分が年老いて、病気になって、最後はくたびれはてて死んでいく。それでも、まだ生に執着があるから、輪廻転生をして生まれ変わってくる。そんな人生を歩んでいるのに「何がおもしろいのか。あなた方はまさに暗黒にいる。執着を捨てなさい」とブッダは説かれているわけです。

楽しみばかり探していると、完全な無知になります。楽しみを探すのではなくて、人生とは何かという答えを探すことです。具体的に生きることの意味を探すのです。人生は何をしても楽しくなりません。しかし、意味が見つかればこころが穏やかになります。執着をなくしたら、もう完全な平安なこころが生まれてきます。仏教とはそういう教えなのです。

楽しむことだけを追って生活すると、結局すべてがあべこべになってしまいます。論理的に理性にもとづいて生きることができません。いくつかの例を挙げてみましょう。かけ事はスリルがあって楽しいので、大金をつぎ込んでしまいます。たとえ勝負に負けることがあっても、一獲千金でいつかは必ず元手を全部とり返せると思い込んでいるからです。でも実際には損ばかりしています。どんなに気分がよくなるからといっても、麻薬に手を出せば確実に自己を破壊します。お酒も同様です。どんなにお酒が大好きでも、お酒に依存してしまうと、何もかも失います。異性と一緒にいるのが楽しいからといって、異性を追いかけてばかりいると、やはりすべてを失います。結局、どう転んでみても、楽しみを追う道が正しいということにはならないのです。

それでもまだ「そんなことを言っても……」という人がいるかもしれません。ならばお聞きします。楽しみを追うのが正しいというなら、なぜ大人は子供にそれをさせないのでしょうか。子供は「遊びたい」とはっきり正直に言っています。だったら遊ばせてあげるべきでしょう。なぜ子供に悪いことが大人にいいのでしょうか。子供を自由に遊ばせないのは、彼らが遊んでばかりいたら人生がどうなるかを、私たち大人はきちんと心得ているからです。人生は甘くない、厳しいのだということを——。

ですから常に楽しみを追うのではなくて、いつでも充実感を得て満足できる人生を歩むことが大切なのです。淡々と、やるべきことをやっていれば、そんなに苦しみは感じないし、何をして遊ぶかなどという余計な心配もありません。仕事が終わったときに何をして遊ぼうか、と考えるのは、それまでの仕事がいかにつらかったか、ということです。仕事をしながら充実感があったならば、「ああよかった」という気持ちで終わるはずです。何をして遊ぼうかという発想は出てきません。

生きる道を間違えている私たちに、ブッダは「光を求めなさい」と言われています。「智慧を求めなさい」という意味です。それは何もトラブルを起こさず、問題を起こさず、破壊にいたることなく、生きる方法なのです。楽しみだけを求める世界というのは、破壊的な道です。それはあたかもテロリストが「自爆テロを実行すれば、自分たちには天国で特等席が用意されている」とそそのかされて死んでいくようなものです。そうやって自分を破壊し、周りも破壊してしまうのです。

テロリストといえども「人を殺したら地獄に落ちますよ。怒りや憎しみだけで行動したら、さらに怒りと憎しみが増すだけです。自分を守るどころか、さらに大勢の人々を危険にさらしますよ」と言われたら、だれも自爆テロなどやらないでしょう。しかし、現実には自爆テロが次々と起きています。それもやはり「この世で楽しめなかったから、今度は天国で楽しんでやるぞ」と楽しみを求めているからです。本質は私たちの日常生活と同じなのです。

私たちは「生きるとは何か」という智慧を探す道を歩むべきです。俗世間にいても、いくらか物質的な豊かさが享受できるのは、先達が智慧を探してきたからです。自然のなぞに迫り、地球の秘密を解き明かし、科学が発展して、人間はそれなりに自由になりました。そうでなければ、おかしな宗教に奴隷化するだけだったでしょう。だから、自由と幸福を求めるならば、やはり知識と智慧の道しかないということは、科学の世界でも証明されています。それをどんなに否定しようとも、だれも事実には逆らえません。

どんな愚か者でも何が楽しいか、何がおもしろいのか、といった程度のことは考えます。それでは子供となんの変わりもありません。やはり、生きるとは何かと、智慧を探るべきです。やる気も出るし、やることもたくさん出てきます。しかもだれかと対抗する必要がありません。だから、智慧を探る道を選びなさい、とブッダは説かれるのです。そうすればお互いにけんかをする暇もなくなるのです。

第4週

人格の完成をめざす

① 生きることに目的など存在しない

最高の利益は健康である。
最高の財産は充実感である。
最高の親類は信頼できる人である。
最高の幸福は涅槃である。（二〇四）

人生にとって最高の利益とはなんでしょうか。「それは健康である」とブッダは言われています。単純過ぎる答えだと思われるかもしれませんが、では反論できるかと自分自身に問いかけてみてください。健康が最高の利益だと思えば、人間はけっこう楽しく生きていられます。

健康をあなどったり軽んじたりするのは個人の自由ですが、どんなにまともな人生を歩もうとも、病気になったらすべてが無駄になってしまいます。体の健康がむしばまれると、膨大なお金がかかります。医療費は節約できませんから、病気が長引けば借金をしてでも病院にお金を支払わなければなりません。もちろん、病気の間は仕事もできないので、財産をすべて失ってしまう危険性もあります。病気がもたらす損害ほど大きなものが、他にあるでしょうか。

次にブッダは最高の財産とは「充実感である」と答えられています。たとえば毎月の給料明細表を見て、「自分には足りないなあ」と思ったら充実感はもてません。逆に、金額的にはほんのわずかでも、自分が得たものに「ああ、よかった」という気持ちがもてるならば、その気持ちこそが財産です。

私たちが今得ているもの、入手できる範囲のものから充実感を得ていくこと。それは「生きる技」なのです。充実感をもてないと、その時点で苦しくなるし、貧しい気分になってしまう。いくらお金があっても、この「充実感を得る技」が身につかない限り、一生貧乏な気分で生きていかなければなりません。長者番付に入るほどの億万長者であっても、充実感が得られなければ貧しい気分になってしまうのです。たとえボランティアからもらったごはんを食べている人でも、「ああ、よかった。おいしかった」という気分になるとき、その人はとても充実感を得ています。その瞬間に貧しい気分がなくなってしまいます。

だから、常に「ああ、よかった」という気分でいれば、貧困な思考は消えてしまって、明るく生きられます。「もっとお金が欲しい」「もっとお金もうけがしたい」と思ったとたんに、人のこころは瞬く間に暗くなってしまいます。幸福になる秘けつは充実感にあるのです。

では、最高の親せきとはだれのことか。ブッダの答えは「信頼できる人」です。これも実に適格な言葉です。人はよく親せきづき合いに悩みます。その親せきとは血縁や婚姻によって自分と結ばれた人々を意味します。そんな人間関係にいつまでも縛られていたのでは、だれも人間として成長することはできません。それよりも自分に「信頼できる人」がいるならば、その人を親せきだと思って信頼関係を築いていくべきでしょう。血縁や婚姻の関係に足を引っ張られることなく、信頼できる人々を作ろうとがんばれば、人間関係の輪がどんどん広がっていきます。その中で必然的に自分の能力や人格がどんどん磨かれ、スケールの大きな人間に育っていくのです。

「ブッダの教えを現代に合わせて解釈するならば、単純に「友だちを作ろう」と言ってもよいでしょう。仏教では友人関係というものをとても重要視しています。信頼できない悪友からは距離をおこう、信頼できる立派な人を友だちにしよう、自分も友だちに信頼される人間になろう、と励むことが大切なのです。

最高の幸福とは何か。四つ目の問いにブッダは「涅槃である」と述べられています。あらゆる生命は幸福を求めて生きているのですから、私たちにとって最高の幸福こそが究極的な「生きる目的」になります。世界ではさまざまな人が「これこそが生きる目的だ」と主張していますが、ブッダに言わせれば、そもそも生きることに目的など存在しないのです。人間が何を目的としていても、それは生きる目的ではなく、「生きているからやっていること」にすぎない。それが本当の答えだというのです。

生きているから勉強をする。生きているから仕事を探す。生きているから結婚をする。生きているからごはんを食べる。生きているから旅に出る。生きているからオリンピックに挑戦する……。人間はその人なりに人生の目的（最高の幸福）を設定して夢を追いかけますが、それが達成できたとしても、別にどうってことはありません。もちろん、達成できなくても、なんてことはないのです。いずれにしても、自分は相変わらず生き続けていて、生きている限り幸せになりたくて必ず何かをやっているからです。

ブッダが、「最高の幸福は涅槃である（ニッバーナンパラマンスカン）」と説かれているのはそのためです。涅槃とは輪廻を乗り越える――解脱することです。オリンピックに出場できなくてもどうってことはありませんが、涅槃に失敗したならば確実に大損をします。解脱しない限り、生命は輪廻の中で限りなく苦しみ続けるのです。生きることとは苦しい。輪廻すること、つまり生きることは苦（ドゥッカ）なのだから、生きていることの中に幸福は成り立ちません。ブッダは、「涅槃をめざすことが生きるものの目的であるべきだ」と教えています。生きる目的は成り立たないので、「生きることを乗り越えること」を目的とするように提案されたのです。

しかし「涅槃をめざせと言われてもなんのことやら……」と困惑される方も多いかもしれません。それならば、「最高の幸福はこころを清らかにすることである」と受け取って実践してみてください。怒り、憎しみ、嫉妬、後悔、貪欲、物惜しみ、怠け、といった汚れからこころを清らかにしたとき、また、こころを混じりけのない慈しみで満たしたとき、それまでに経験したこともない幸福感を味わっていることに気づくでしょう。「最高の幸福は涅槃である」というブッダの言葉は、教えを実践することによって真実として体験できるのです。

② 世にもまれなるチャンス

人間に生まれることは難しい。
また生きることも難しい。
真理を聴く機会も得難い。
ブッダの出現は未曽有《みぞう》のこと。（一八二）

人間としてこの世に生まれるということは大変難しいことです。それを理解してもらうために、私はこんな説明をします。みなさんの人生で宝くじの一等賞に連続して百回も当たることはあるか、という常識的にはあり得ない話をするわけです。でも、確率としては決してあり得ないとは言い切れません。同じ一人の人間が宝くじを買うたびに一等賞が百回も続けて当たることは不可能ではないけれども、人間に生まれる確率はそれよりもさらに低い、ということが言いたいのです。

パーリ経典の伝統的な物語を読むと、人間に生まれることがいかに難しいか、がよくわかります。

「牛のくびきが穴のところから折れて戸外に捨てられている。やがて雨が降って、この二つに折れたくびきが川に流されて、やがて海にまで流れ込む。海の上で二つのくびきが折れたところから重なって、一緒になる瞬間があるかもしれない。その瞬間に百年に一回しか息継ぎをしないウミガメがちょうど海から顔を出そうとして、一つに合わさったくびきの穴から自分の首を出す」

人間に生まれることはそれくらい難しいという話です。それは宝くじに一等賞が連続で百回当たるよりも、さらに難しいでしょう。

それは決して大げさな話ではありません。仏教では生命というものを、はてしないスケールで観ているのです。輪廻の世界はたくさんの生命の次元に分かれています。地獄があって、人間界があって、天界もあって、それぞれの世界でまた細かく分かれています。物理的にこの宇宙を観た場合でも、仏教では近代科学が発展するはるか以前から、この太陽系だけではなく、宇宙のあらゆるところに太陽系があって、そこにも生命がいるのだと教えてきました。

そうした広大な生命の世界で、人間とはどれくらい少ないかを考えると、その事実が明確にわかるのです。小さな蟻塚《ありづか》を見ても、そこにどのくらいの生命がいるでしょうか。虫の世界には、人間の数とは比べられないほど無数の生命がいます。地球上の生命を数えても、人間は本当に少ない。これに地獄の生命や餓鬼道《がきどう》の生命、天界の生命などを含めたもっと広大な生命の世界で、人間に生まれる可能性というのは本当にわずかなのです。ある一つの瞬間で、もう何万、何億、何兆という生命が死んでいる。死ぬ生命は次に生まれる場所を探すのですが、人間の世界にはその場所がないのです。私たちはそれほど困難な状況で、人間に生まれるというチャンスを得たわけです。これに比べたら、宝くじの一等賞に連続して百回当たることの方が簡単なはずです。

私たちはそれくらい貴重なチャンスに恵まれたのですから、このかけがえのないチャンスを生かさないなんてもったいない、とは思いませんか。ただ食って寝て、人の悪口やうわさ話に明け暮れて、嫉妬や怒りや欲望におぼれて死ぬのでは……。人間としての一生を宇宙の次元、輪廻の次元から観るならば、一分たりとも人生を無駄にできないはずです。そんな余裕はないのです。

人間に生まれることはたぐいまれなるチャンスだから、世の中の風潮に流されて生きるのではなくて、しっかりと人生とは何かを考えるべきです。いかに生きればいいのかと観察して生きなければならないのです。ブッダは「生まれたものの目的とは、解脱することである」とはっきり述べられています。人間の天職、本職は解脱することにあるべきだ、それに挑戦するより他に、生きることにはなんの意味もないのだと。

解脱するということが現代人に理解できないならば、少なくとも人格の向上をめざすべきでしょう。ごくふつうのどこにでもいるような人間よりは、かなり優れた精神をもつ人間になってみる。まったく罪を犯さない人間になるという、それくらいのことでもがんばってみてはどうでしょう。

現代の社会を見ても、子育てや教育には大変なお金がかかって、家族ぐるみで必死になって子供の面倒を見なければいけません。会社に入ったら、それこそ一生をかけて働かなければいけないし、コンビニでアルバイト程度の仕事をするだけでも、他には何もできないほど時間をとられる。もうやり切れないほど仕事が膨大で、人間にはまったく暇がなくなっているのです。

これは極端に無知な生き方です。一日四、五時間も寝る暇もなく、がんばっています。しかし、結局くだらないことにがんばっているだけなのです。死んでしまえば、なんの意味もないことです。そんな雑事は淡々と済ませ、「本職」に取り組むべきです。はっきり言えば、人間の生き方はまったく無駄です。だれでも口をそろえて言うのは、「暇がなかった」という言い訳です。

では暇がないほど何をやったのかと振り返ると、だれにでもできる無駄なことばかりです。たとえば、幼稚園では一年に一回、子供たちのお遊戯会があります。その日は、親たちが一日がかりで苦労をしなければいけません。家族がみんなで準備をして、朝早くから夕方まで何をやっているかと言えば、別に何もやっていない。わざと人生をややこしくして、大切な時間を失うだけです。しかも有益な結果を何も生み出さない生き方です。

私たちはよく口癖のように、「今度生まれ変わったら何々をするぞ」と言うのですが、そう簡単には人間に生まれ変われません。そんなチャンスはないのです。世界はどんどん貧乏になっていって、人々は子供を作らなくなっています。人間に生まれるチャンスはほとんどありません。まれに人間に生まれ変わっても、みんな無駄な仕事に追いかけられて、惨めで無知な生き方をしています。そう楽には、生きていられないのです。やっと生きているのが精一杯で、それにも満足はできない。いくら苦労をして生きてみようと思っても、満足感はぜんぜん得られないのです。

科学を一生かけて研究しても「これでもう大成功。立派な知識人になりました」とは言えません。やっとなんとか論文を出すだけ。人間に生まれることはこんなにも珍しいことなのに、生命とはなんなのかと、本格的な真理を聞くチャンスもほとんどないのです。ましてや、真理はなんなのかと探す余裕などありません。ただ自分の食べ物を探すことと、次の世代を育てることで一生かかってしまいますから。それで人生は終わってしまうのです。

だから世の中では真理を探究することはまれで、やみくもな信仰ばかりしています。どこかの神を信じるとか、お祈りをするとか、その程度で終わってしまうのです。「真理なんて考える必要はない。信仰をすればいいのだ。だって食い物を探すのに忙しいのだから」と。そういう世界だから、真理を聞くチャンスというのは、ほとんどない。真理を聞く人はもう、一千万人に一人か二人というくらい、人間の中でも珍しい存在なのです。

人間に生まれることはまれである。その中で真理を知ろうとする人は、もっとまれな存在である。それよりもさらにまれで難しいのは、ブッダが現われることなのです。ブッダは、だれも真理を知らない世界にあって、自分一人で真理を発見した方なのです。人生のちょっとしたヒントも与えることができない世界にあって、一人で真理を発見されたのです。それは極めて珍しく難しいことです。時間的にみても、仏教語では阿僧祇《あそうぎ》劫《こう》に一人だけ。いくつもの宇宙がまるごと生まれては消えていく膨大な時間の中で、たった一人だけが現われると言われています。目を覚まして考えれば、今、そのブッダが現われた時代なのです。ブッダは亡くなりましたが、ブッダの教えが生きている時代なのです。しかも自分は人間に生まれた。だから真理を見つけるならば、今、この瞬間のチャンスだけだ、ということです。この瞬間、自分にとって一番大切なことは何かを知って、必死にがんばるのです。それは「こころを清らかにする」ことなのです。

③

不公平な裁きが社会を崩壊させる

罰を与えてはいけない人に対して怒ったり罰を与えたり、怒り憎しみをもったりすると、十種類の不幸に見舞われる。

一、激しい痛み。二、老衰(体力の減退)。三、身体の傷害。四、重い病。五、乱心。六、国王からの災い。七、恐ろしい告げ口。八、親族の滅亡。九、財産の損失。十、家が火事で焼ける。

この愚か者たちは死後地獄に落ちる。(一三七〜一四〇)

人間の社会で必ず存在する制度として、刑罰制度があります。社会のルールに反することをした人に、罰を与えて戒める制度です。刑罰と言えば、身体的な苦痛を与えることもあるし、しかったり怒鳴ったり、あるいは罰金をとることもある。そのような刑罰はこの社会に連綿と続いています。法律が適用される大きな社会だけではなく、家庭の中にも、その他のどんな組織の中にも、親しい仲間のグループ内でも、なんらかの刑罰制度があります。それを生命がもっているありのままの真理として、生命のあるところには必然的に現われる現象として、私たちは受け止めなければいけません。

だから、「刑罰制度なんてなくしてしまえ」ということは難しいのです。ここに興味深い出来事があります。実は動物のコミュニティを観察すると、猿やチンパンジーの群れ、野犬の群れなどにもきちんと刑罰制度があるのです。あるルールにのっとって他の個体を戒めようとするし、自分も他から戒められる。ルールを破ると仲間にさんざんやっつけられる。人間に限らず、生命同士でいるとそういう現象が成り立ってしまうのです。

刑罰が存在しない社会が成り立つのは、悟りを開いた完全たる人々の世界だけです。

たとえ仏教の世界といえども、サンガ（僧団）を運営するための刑罰制度がきちんとあります。サンガはお互いに修行中の未完成な人間の集まりだから、当然だれかがだれかを戒めなければなりません。結局、一般の社会では刑罰制度をなくすことはできません。

では、なぜ世界が平和にならないのでしょうか。その大きな要因として、刑罰制度が正しく機能しないことが挙げられます。国同士であろうが、民族同士であろうが、政党同士であろうが、家庭の中であろうが、どこでも不公平な刑罰の運用が起こってしまう。そこに人々の怒りや憎しみも絡んでくる。すると「他を罰するときは、やりたい放題にやっつけてやる」ということになってしまうのです。

刑罰制度は自然に現われてくる厄介な不純物です。なのに、そのシステムをまたさらに間違った方向へ使っているのだから、大変危険な状況になっています。たとえば原子力発電は放射能の危険と背中合わせです。原子力は安上がりで、いくらでもエネルギーを作れます。しかし、それだけを考えていると、とても危険なことになってしまう。人体に影響を及ぼす放射性廃棄物が発生し拡散する恐れがあるからです。核物質の管理もかなり気をつけなければいけません。私は、刑罰制度をこの原子力発電と同じようなものだと思っています。勝手気ままに刑罰制度を使っていたら、大惨事を引き起こす可能性があるからです。

では、その刑罰制度をどのように運用することが正しいのでしょうか。たとえば、人を罰するときに「その量刑は相当である」と、だれもが納得できなければ不公平ということになります。罰を受ける本人が、「私が悪いことをしたのだから、これぐらいの罰は当然でしょう」と納得しているならば、問題はありません。

でも、そんな刑罰制度が世の中にあるのかと言えば、どこにもありません。現実の社会では権力を握った人が法をねじ曲げ、し意的な刑罰を下しています。そうすると罰を受ける人も罪をきちんと反省して自分を戒めるどころか、逆に腹を立てて社会を攻撃しようとするのです。結果として、刑罰制度の不公平が社会の不幸をさらに広げてしまいます。社会秩序が破れたから罰を与えるのに、それによってさらに秩序が崩れてしまう、という悪循環が起こるのです。これを地球規模で考えれば、世界は平和でなくなっています。

では、なぜ刑罰制度は間違った方向へ傾いてしまったのでしょうか。それは人々が自分勝手に判断を下したからです。みんなのためではなく、自分の利益だけを考えて相手を罰しているのです。それでは正しい刑罰にはなりません。刑罰制度は純粋なこころで自分の利益よりも、みんなの利益を考えて行使しなければいけないのです。

ブッダは説かれています。「刑罰は、人間（生命）のいる社会に必ず現われてくる不純物のようなものです。慎重に扱わなければいけない。公平さを保たなければ危険です」と。生命のコミュニティではお互いの利益を守るため、自然に刑罰制度が生まれてきます。だからこそ、慎重に扱わなければいけないのです。とは言っても、簡単なことです。「罰を受ける側がきちんと納得しているのか」という点に気をつければいいのです。納得させられないのなら、刑罰制度の使い方をどこか間違っているのです。

裁判に訴えられた側が明らかに有罪であると全員一致で決まっている場合でも、相手が罪を認めないことがあります。その場合はねばり強く説得すべきです。いくら法にのっとって説得しても間違いを認めない人は、社会の利益のために行動していない人ですから、その場合は一方的に罰を与えてもいいでしょう。それ以外のケースは一方的に罰することはできません。それは仏教のサンガの決まり（律）です。サンガの決まりは、コミュニティを作って生きる人類の理想的なあり方を教えているのです。一般の社会でも、裁判で被告人が必死で無罪を訴えている場合は、真剣に耳を傾けなければいけません。いろいろな証拠がそろっていても、無実の罪である可能性もあります。

ダンマパダの一三七偈から一四〇偈では、罰を与えてはいけない人に罰を与えたらどうなるのか、ということを教えています。社会の中でも家族の中でも、一人が不公平なことをしてしまうと、互いの関係が崩れてけんかをし、不幸に陥ってしまう。殺し合いに発展する可能性もある。国内で派閥に分かれて争って、人殺しも次から次へと起こる。対立が国同士に広がると戦争になる。平和の崩壊は、刑罰の不公平から起こります。刑罰に対するアプローチは、公平という微妙なポイントに気をつけなければいけません。不公平な刑罰制度のために、人間はこの世ではさんざんな目に遭って、死後は地獄にまで落ちてしまうのだと。どれも世界を観察すれば容易に見出せる現象です。

生命の法則はだれにも無視することができません。生命は不完全で間違ったこともするので、複数の生命がいるところには自然に刑罰制度が成り立つのです。生命が完全ならば、罪も罰も成り立ちません。だから「罰を与えてはいけない人」とは阿羅漢（最高の悟りを開いた聖者）のことであると、伝統的な注釈書では説明しています。しかし、たとえ凡夫《ぼんぷ》（仏教の教えを理解していない人）であろうとも、罪なき人に間違った罰を与えれば、生命の法則に反してしまうのです。法則を破る極悪行為だから、たちまち不幸に見舞われます。それは決して脅しではありません。

この偈から、「正しい刑罰制度とは何か」という人間が知るべき重大な真理を発見できると思います。政府や警察や裁判官だけが罰を与えているわけではありません。刑罰とは、一人ひとりの生命につきまとっている問題です。だから一人ひとりの生命がいかに公平に生きられるか、自分がだれかをしかるときでもいかに公平な態度を貫けるか、ということを考えなければいけないのです。

公平であること。罰を受ける側が間違いを認めること。この二点に気をつけるならば、私たちは平和で安定した社会を築くことができる。ブッダはそう教えています。

④ 豊かに生きられる唯一の条件

物惜しみする人は天界に行けない。
愚か者は布施を賞賛しない。
しかし賢者は布施に随喜し、
それによって彼は来世に幸福となる。（一七七）

豊かさとは何か。私の定義によれば、豊かさというのはただお金があるということではなくて、人生を支えるものがどれくらいあるか、ということです。自分のいのちがあらゆるところで支えられているから、私は「豊かだ」と感じられます。

では、なぜお金がたくさんあることを豊かさだとは言わないのか。それは人間だけに限られてしまうからです。人間の豊かさだけの話になってしまうと、普遍的な真理にはならないのです。たとえば、お金を使うにしても、将来的にはお金の形態ががらりと変わって、すべて電子化されて紙幣を発行することもなくなってしまうかもしれない。だから、今の定義だけで豊かさを定義してはいけません。本当はお金がたくさんあることが豊かさではなくて、援助がたくさんあることが、豊かさなのです。援助というのは、文字通りに意味を理解すればいいと思います。

だから、犬や猫に対しても「豊かなのか、貧乏なのか」という話は成り立ちます。この定義だったら、どんな生命に対しても成立します。仏教でいう餓鬼という存在は、貧乏で援助がない生命のことです。食べるものが必要なのに手に入らない。しかも何も食べられないのに、死ねないのです。これは一番苦しいことです。人間なら食べ物がなければ、せいぜい二、三週間で苦しんで死ねますが、餓鬼は何百年、何万年、何億年たっても、業がある限り死ねないのです。だから、餓鬼はとても不幸な存在であると仏教では説いています。仏教で天界がとても幸福なところだと言うのは、生きるための援助がいっぱいあるからです。必要なものはきちんとそろっている。だから、豊かさの定義は、いのちを支えてくれる援助なのです。

次に考えなければいけないことは、援助というのは自分の外から来るものであって、自分の中から現われるものではない、ということです。中から現われるものを援助とは言いません。自分に体力があっても、体力は自分のものだから援助とは言わないのです。そこで、体力を支えるために、スポーツセンターに行くとする。スポーツセンターに行くためのお金と時間、それから施設にある道具とインストラクターが援助なのです。

では知識の場合はどうでしょう。体力と同様に、これは援助ではありません。自分のものなのです。しかし、知識も放っておくと役に立たなくなります。そこで援助が必要になります。他の知識人とディスカッションをする人もいれば、図書館で本を読みあさったり、新たな研究に取り組んだりする人もいるでしょう。そうやって知識を磨いたり増やしたりする援助がそろっていること。それが豊かさなのです。それに対し、自分がもっているもの――体力も、美しさも、知識も、もって生まれたものはすべて減っていきます。だから、どんな生命も豊かに生きるためには援助が不可欠なのです。

今度はどうすれば豊かになるか、ということについて考えてみましょう。援助というのは外から来るものです。だから、外からこちらに援助が流れてくるように、それを自分に引き寄せるエネルギーをもつことが大切です。反対に援助を引き離すエネルギーをもってしまうと貧しくなります。豊かになりたい人は、援助を引き寄せるエネルギーをたくさん作らなければいけないのです。それはある種の精神的エネルギーで、それを育てれば豊かになるということです。わかりやすい言葉で言えば、「布施」というものです。この布施という行為が援助を引き寄せるエネルギーなのです。布施という行為そのものよりも、まず布施をする気持ち――周りにいる人々、生命を助けてあげたいというこころのエネルギーが大切なのです。

外に向かって自分が援助をすると、周囲の人々が必然的に自分に近寄ってきます。すると、今度は自分にもあらゆる方面から援助が入ってきます。ということは、周囲の援助を引きつけるには、自分自身が絶えず布施という精神状態を保たなければいけない、ということになります。そして実際に布施を実践するのです。気持ちだけではだめです。援助はいいことだと思っていても、実際に行動しない人はけちです。あまり頭の中でいろいろ考えずに、とにかく人を助けたり、ボランティアをしたりすることです。身近な人々に貢献することによって、社会と強い関係をもつことが大切なのです。次第に自分が布施をしていることを意識することもなく、また相手に見返りを求めるようなギブ・アンド・テイクの気持ちさえもなくなってしまいます。すると、あらゆる人々から数多くの援助が得られるようになってしまうのです。

そのお手本を示されたのがマザー・テレサさんでしょう。彼女はお金も教会の援助も何もないままでインドに行き、貧しい人々に救いの手を差し伸べました。せめて死ぬ直前にでもカトリック教徒になってくれれば、という思いもあったでしょう。しかし、貧しい人や道端で死にかけている人を救うことが何よりも大切でした。そのために彼らが人間らしい最期を迎えられる施設を作り、そこで彼らにわずかな食べ物と水を与えていました。

何年かたつと、世界中からあらゆる援助が彼女のもとへ届くようになりました。もちろん、彼女にはそうした援助を周囲に求める気持ちなどはありませんでした。彼女は純粋な気持ちで、ただひたすらインドで援助をしていたただけなのです。とにかく外へ向かって援助をしたい、あの人にも援助をしたい、この人にも援助をしたい、そういう純粋な気持ちを彼女は一生涯もち続けたわけです。彼女は汚れのないこころの持ち主でした。ノーベル賞をもらっただけではなく、歴史上例のない速さでカトリックの聖人にもなってしまいました。それも彼女にとっては援助なのです。だから、マザー・テレサさんの人生は大変豊かでした。究極のお金持ちでも得られないものまで得たのですから。それが、豊かさの定義と方程式なのです。彼女の布教活動については、インド人からいろいろ悪口を言われたのですが、彼女の奉仕活動はそれでも汚れなかった。だから、彼女は豊かになってしまったのです。

もしみなさんが「豊かさとはお金ですよ」と言うならば、マザー・テレサさんは貧しい人になります。世間で言っている豊かさの定義は正しくないのです。真の豊かさを求めるならば、自分以外の生命に向かって自分が援助をすることです。それが豊かになるための唯一の条件です。

物惜しみとけちは、豊かさにとって猛毒です。豊かになりたい人は、ひとまず豊かになりたいという気持ちをどこかへ置いてしまうことです。なぜなら、豊かになりたいという気持ちそのものが汚れだからです。常にこころを開いて外に向かって援助行為、布施行為をすれば、豊かになりたいと願わなくても必ず豊かになれます。だからマザー・テレサさんの例を出したのです。

物質的に豊かになろうという下心をもって布施をしても、行為が微妙に汚れているので中途半端な結果になるかもしれません。知識として布施の働きを理解しておけば、布施をするとき、こころは汚れないで済みます。仮にこころの中に汚れが入ることはあったとしても、それでも布施をした方が善い結果が得られるということも確かです。布施という行為自体はポジティブなエネルギーだから、やはり布施によって自分が豊かになれるのです。

たとえ「自分が豊かになりたいから、一生懸命、ボランティアをやってやるぞ」という気持ちで実践しても、結果として布施をした行為自体は残ります。どんな理由であれ、科学的には同じ行為をすればそれなりに結果は得られます。しかも自分の正直な気持ちをごまかさないで「やっぱり私も豊かになりたいから、布施をしていますよ」と認めたら、汚れがなくなってしまいます。その場合は偽善にもなりません。

危ないのは同じ布施をしていても、無意識的に、知らず知らずのうちに、豊かになりたいという気持ちが入ってしまうことです。自分で自分をだましているのだから、それが汚れた行為になるのです。それだったら、あまり善い結果は出てこない。それよりは、どんどんと正直に「おれはお金持ちのように豊かになりたい。だから布施をするぞ」と思った方が、汚れの影響を受け難いと思います。純粋に布施をしたいと思っても、人間には煩悩があるから、少し難しい。煩悩がある限りは、自分が豊かになりたいという気持ちは消えないでしょう。だから正直な気持ちで布施をした方が、こころが楽になります。

もし純粋に布施をしたければ、智慧を使うことです。豊かさというのは「特別な欲」という意味ではなく、いのちを支えるための必需品なのです。いい空気を吸いたいという気持ちも、きれいな水を飲みたいという気持ちも特別な欲ではありません。私たちのいのちに必要なものです。そうやって豊かさの意味を智慧で観ることです。そうすると

「欲」という煩悩が減るのです。豊かさというのはお金をもうけてぜいたくに暮らすことではなくて、「人生を支える援助」をたくさんもつことです。それは輪廻転生している限り、不可欠なものです。解脱した人々にはいりませんが、まだ解脱していない私たちにとっては、呼吸をするのと同じく、必需品であって、そろわなければ困るのです。だから布施をするのだと智慧を使う。それは一つの手段です。

もう一つあります。豊かになりたい、ではなくて、人を助ける行為そのものを喜ぶことです。「布施をするのはおもしろくて、充実感があって、やる気が出てくる。布施は私の生きがいだ」という具合に、その行為そのものに喜びを感じることです。そうやって生きると、「欲」の汚れが消えてしまうのです。

⑤ 真理に逆らわずに生きよう

豪華《ごうか》絢爛《けんらん》な王の車も朽ちていく。
そのように人間の肉体も老い枯れていく。
しかし、聖者によって語られた真理が老いることはない。
平安に達した人々はその真理を語る。（一五一）

かつて北インドを二分するほどの大国がありました。コーサラ国です。その国のパセーナディ王はブッダの熱心な在家信者として知られていました。彼にはマッリカー夫人という最愛の后《きさき》がいて彼女もまた熱心な仏教徒でした。

マッリカー夫人はパセーナディ王に先立って亡くなりました。王はたいそう悲しんで、悲しみぬいて一週間が過ぎたところで、ブッダを王の宮殿に招いて夫人の供養を行なうことにしました。当然、王はブッダを王宮の中へ招くつもりでした。しかし、ブッダはわざわざ王車が保管されている駐車場へ向かったのです。王車は国の最高権力者の乗り物で、特別豪華で頑丈に作られています。特注品ですから、めったなことでは故障もしません。その駐車場には歴代のコーサラ国王の王車がずらりと並んでいます。王はそこにブッダ一行の席を作り、食事の布施をされました。そして最愛の后を亡くした悲しみを切々と語ったのです。

王の話を聞いていたブッダは、駐車場の王車を指差して「この車はだれのものですか」と尋ねました。「これは自分の父王の車です。こちらは祖父王の、あちらは曽祖父王の……」。王車はどれも傷みが激しく、とても人が乗れる状態ではありませんでした。

しかし、歴代の国王が大切にしていた持ち物ですから、むげに壊してしまうわけにはいかなかったのです。そしてブッダが「この車はだれのものですか」と最後に指差した王車をみて、王は「それは私の車ですよ」と答えました。冒頭の偈は、ブッダがこのやりとりに続けて、パセーナディ王にこの世の真理を語られたもの、と注釈書に記されています。

王車は最高の材料を集め、金銀財宝で豪華な装飾が施されています。しかし持ち主が亡くなったら、一代で使えなくなってしまう。とかく私たちは家などを建てたり、何かしらの作品を作ったりするとき、それが末永く長持ちしてほしいと期待します。一つの思考パターンとして「壊れてしまわないように、ずうっと長持ちするように」という考えがあるからです。

しかし、真理というものは人間の都合通りには変えられません。すべてが壊れてゆく――これは基本的な宇宙の法則です。ブッダは他の経典の中で「この太陽さえも壊れます、この地球もやがて壊れます、この宇宙もやがて壊れます」と宇宙の崩壊にまで言及されています。いっさい、常に止まることなく壊れて変わっていくことこそが、宇宙の真理なのです。私たちはその真理に合わせて生きなければいけないのに、人間は真理と反対の方向に努力します。偉大な宇宙の法則に逆らおうとチャレンジするのです。結果としてどうなるかと言えば、うまくいかずに失敗します。いつでも壁にぶつかって、トラブルに見舞われる。確実に失望を味わう羽目になるのです。

人間のこころの中には「変わってほしくない」という論理、いや、論理というよりは屁理屈、真理ではない考え方、うその概念が住み着いています。そして、生命にその気持ちが巣くっている限り、幸福にはなれないし、いやおうなしに苦しみに出遭ってしまう。必ず失望しなければいけない。世の中の物事が変化するたびに、こちらがひどい悲しみに陥ってしまうのです。

なぜ人間に悲しみ、苦しみ、悩み、失望が尽きないのかというと、当たり前の事実に逆らおうとしているからです。なぜそんなに無謀なことをするのでしょうか。冷静に考えれば、まったく無知な振る舞いであり、そのことをだれもが「頭ではわかっている」と言うのです。しかし、気持ちはどうでしょうか。歳をとりたいのかと聞かれれば、とりたくないと答えるし、死にたいのかと聞かれれば、死にたくはないと答えます。親ならば子供が大きくなって、やがて独立することは頭の中ではわかっています。しかし、本当の気持ちは違います。いつまでもかわいいわが子が自分のそばにいてくれることを望んでいます。だから子供が独立すると嫌な気分になってしまうのです。

今、例に挙げたことはすべて、生きている上でごく自然に起こる変化です。しかし、どんな変化も人間に苦しみや悩みを与えながら変化していきます。ただし、真理の世界には人間を苦しませてやろう、悩ませてやろうという気持ちはまったく存在しません。人間が勝手に苦しむのです。

たとえば、自分の家が火事になったら、自然の法則に従って家屋は燃えていきます。もちろん、炎には住人をとことん悲しませてやるぞという気持ちはまったくありません。たんなる自然の法則で燃えているだけで、悲しむのは人間の勝手です。なぜ悲しむのかというと、燃えてほしくない、壊れてほしくないという思いがあるからです。しかし、なんの力もない生命が、巨大な宇宙の法則に逆らおうとしても無駄です。これは成り立ちません。逆らおうとする人自身が、その法則の一部なのですから。

人間を一滴の海水にたとえるならば、その一滴が大海原に向かって反抗するようなものです。一滴の海水と海全体を比べたら、海は無限であり無量です。そういう反抗はまったくの無意味です。私たちはいい加減に目を覚ますべきです。だれであれ、自分だけは他の人とは違う、自分は特別な存在なんだと思わない方がいいと思います。私だけは特別だという妄想は、無知だから生じてくるのです。あらゆるものが自分の希望通りにいくと思っている、この途方もない無知が、すべての生命にとって大問題なのです。

そこでブッダは「すべて壊れていきます。しかし壊れないものが一つあります。真理だけは壊れません」と説かれているのです。真理とは、ありのまま、そのままの事実、ということです。ブッダの教えとは、その法則を説明してあげることなのです。ブッダが発見した真理だけは事実ですから、それはだれにも変えることはできないし、変わることもない。古くなることもありません。しかし、真理以外のものはすべて古くなって老いて壊れていくのです。

みなさんは真理といってもブッダは昔の人だから、時代が変われば教えだって古くなるのではないか、と疑問に思うかもしれません、しかしブッダは法則を発見されたのです。法則はどこかに存在するわけではありません。たとえば地球が太陽の周りを回っているということは、一つの法則です。地球がある限り、太陽の周りを回っているのです。その法則は決して古くなりません。

それと同じようにブッダの説かれた教えは、いくら時代が変わっても揺るぎません。人間の気持ちは毎日のように移り変わっていきますが、真理はあくまでも真理であって、どんなに時代が変わろうとも絶対に変わらないのです。

ですから真理に素直に従って生きる方が本当は楽なのです。逆らうことは無駄な努力です。絶対にやってはいけないことに精魂を傾けている人は、極端な無知に支配されています。ブッダはそこまで無知ではない人々に、「これが真理ですよ」とご自身で発見された法則を説かれました。ブッダの教えに耳を傾け、その教えを理解した人々は、こころの安穏と平和をたちまち手にすることができました。

こうした事実を客観的に見つめていけば、私たちは法則には逆らえないし、逆らおうとする行為自体がばかばかしくなります。問題は法則に逆らおうとする気持ちです。その気持ちが消えたならば、もう悟りの境地なのです。しかし、頭でわかっていても、気持ちは消えない。「そうは言っても……」と、なんとか言い訳を探して法則に逆らおうとするのです。

真理に目覚めるということは、すなわち悟りです。ふつうの人は頭でわかっていても、やはり好きなものにはどうしても変化してほしくないのです。そこで、「渇愛」という問題が出てきます。わかりやすい言葉で言えば、愛着です。なぜ変化に逆らいたいのかと言えば、そのものに愛着があるからです。他は変わっても、これだけは変わってほしくないと思ってしまう。たとえば、他人の子供は死んでも、わが子だけは死んでほしくない、生きていてほしい、と思う親心です。

法則に逆らう人にただ「愛着を捨てなさい」と言っても通じません。ですからブッダは対話を通して、「すべての物事は変わるのだ。愛着に値しないのだ」と理解させるように人々を導かれました。自分で事実を調べさせて「どんなものも愛着には値しない」ことを納得させたのです。パセーナディ王もまた、「歴代の王が永続を願って特注した王車も、今はなんの役にも立たない。人間の肉体もそうやって壊れていく。その事実は認めるしかない」と納得できたからこそ、深い悲しみから立ち直ることができたのです。

6

人生にグッドタイミングはあり得ない

飢えることは、最悪の病である。
現象（サンカーラ）は最悪の苦しみである。
このことをあるがままに知る（人にとって）、
涅槃（ニッバーナ）は最高の幸福である。（二〇三）

病気の中で、もっとも恐ろしいものは食べ物のない状態「飢えと空腹感」だと、ブッダは言われています。それが病気なのかと疑問に感じる人もいるかもしれませんが、これはブッダの言葉ですから、少し真剣に考えてみた方がいいと思います。私たち人間は、がんが一番こわいとか、心臓発作が一番こわいとか、脳こうそくがこわいとか、そういうさまざまな病気をこわがっています。しかし、本当にこわい病気は「おなかが空くことです」とブッダは言われるわけです。なぜでしょうか。

まず、飢えは確実に命取りになるということが言えます。その点、他の病気はどうでしょうか。たとえば心臓発作を起こしたとしても、治療をすれば救われます。脳こうそくにしても、がんにしても同様です。従って必ず死ぬということはあり得ません。しかし食料がないという状況に陥ったら、必ず死にいたります。

もう一つは、他の病気には根治療法がありますが、飢えと空腹感には完全な治療法がないということです。だから、ずうっと死ぬまで食べ続けなければいけないし、「食べる」という対処療法で一時的にしのぐことしかできないのです。そういう理由で、飢えと空腹感は一番最悪で、最大の病であるとブッダは言われているのです。

現代医学の定義と照らし合わせてどうか、ということはさておき、もう少し事実だけを観ていきましょう。人間や他の生命の生き方を観察してみると、生命たるものはすべて、なんらかの形で栄養をとらなくては生きられないことがわかります。すべての生命は栄養をとるのだ、という言葉が経典にもあります。

その栄養はそれぞれの生命によって異なります。同じ「食べる」と言っても、牛とライオンとではずいぶん違いますし、人間とクマの食べ物もまた違う。それぞれ生命は自分の体の構造に適した食べ物によって栄養をとらなければいけないわけです。仏教では、もし神々（天）に生まれても栄養をとらなければいけないし、その神々よりも高級な梵天に生まれても、また何かの形で栄養をとらなければいけないのだ、と説明しています。ことごとく、すべての生命は栄養なしに生き続けることはできないのです。

仏教で言っている栄養には大きく分けて二つあります。体の栄養とこころの栄養です。人間や動物のように肉体的な体をもっている生命は、物質的な栄養を入れなければ体が壊れてしまいます。しかし、生命はこころにも栄養を必要としているのです。こころの栄養には三種類あります。それは「情報に触れる（感じる）こと」と「意志」、それから「こころそのもの（の生滅）」です。この三つの栄養はどこにでもありますから、こころは止まることなく栄養をとり続けています。

こころはまず、情報に触れることを栄養にしています。情報というのは、目に見えるもの、耳で聞こえるものなどです。それが受け入れやすいものであれば、こころは楽しみを感じるし、受け入れたくないものが見えたり聞こえたり触れたりすると、とても嫌な気分になってこころが落ち込んでしまう。意志も同じです。自分に悪い意志があれば、こころは汚れた栄養をとって苦しいこころに変わります。また、自分に清らかな意志があれば、こころは清らかな栄養をとって善いこころに変わります。

三番目の「こころそのもの（の生滅）」というのは、どういう意味でしょうか。仏教の生滅変化論では、今、この瞬間にこころがなくなる（滅する）ことが原因となって、次のこころが生まれると説明しています。過去の瞬間のこころがなくなることがエネルギーとなって、次のこころが生まれるのです。こころが一つ死んで、別のこころが一つ生まれる。そのこころが死んで、また別のこころが一つ生まれる……。そうやって、死ぬこころの状態によって、次に生まれるこころの状態が決まるのですが、その働きも、こころの栄養だと言っているのです。

こころの栄養のメカニズムは複雑で説明し難いのですが、仏教では大変大きな問題として取り扱っています。みなさんが心配している物質的な栄養は、それに比べれば単純明快です。それぞれの生命は自分の体に適した栄養をとっているという程度のこと。とにかく栄養がないといのちは維持できません。

すべての生命は必死に活動して生きていますが、よくよく観ると、栄養をとるために必死になっているだけなのです。人間にしても、まず体を維持するために食べるものを探します。それから、マッサージを受けたいとか、おしゃれをしたいとか思うのですが、それは肉体に触れる情報を欲しているのです。それがないと楽しくないし、生きがいも感じられない。それから、映画を観たり、コンサートで音楽を聴いたり、旅行に出かけたりもします。目や耳で情報に触れてこころを回転させるのです。仏教の視点から観れば、人間がやっているいっさいの行動は、「ただ栄養（食べ物）を探している」行為にすぎません。

これは人間の生き方を観ればよりよくわかるし、他の生命を観察しても同じことをしています。一生それだけで忙しくて、栄養を探すことには終わりがない。常に飢えているのです。だから人間は、あんまり自慢できない生き方をしています。ずうっと必死になって栄養を探して、他のことをやる暇がない。そういう意味も含めて、ブッダは「最大の病は飢えることである」と述べられたのです。

次に「現象は最悪の苦しみである」という意味を考えてみましょう。人間というのはそのつど自分が今味わっている苦しみを最悪だと感じるものです。そして次の苦しみに直面すると、前の苦しみの方がよかったと思ってしまうのです。みなさんにとって一番大きな苦しみとはなんでしょうか。けがをすること、子供が亡くなること、家を失うこと、仕事がなくなること、病気になること……。答えはさまざまです。つまり、これと言って決まった答えはないのです。どれも嫌なものですけど、「その中で一番嫌なものは何か」をだれも答えられません。

自分では最大の苦が何かを知らないのに、ほんのささいな苦しみに直面しただけで、立ち直れなくなるほど精神的に落ち込んでしまうことがあります。それは自分の出遭った苦しみこそが、最大の苦しみだと思い込んでいるからです。病気になったとか、親しい友人が死んだとか、職場を解雇されたとか、そういう自分の体験こそが〝人類最大の苦しみだ〟と思い込むと、もう立ち直りようがないわけです。人生はだめになってしまう。だから、日常の苦しみに打ちのめされ、「それこそが最悪の苦しみだ」などと、私たちは決して思ってはいけないのです。

そこでブッダは「現象はもろもろの苦しみの中で最悪である」と教えています。物事はすべて合成されて現われる現象であって、必ず壊れます。私たちは、その壊れることがたまらなく嫌なのです。私たち自身も合成される現象であって、その自分という現象が常に変わって壊れていきます。だから、今の現象に自分の生き方を合わせようとするのですが、次の瞬間にはその自分が変化している。だから、またがんばって合わせなければいけない。いくらやってもうまくいかないから、ストレスがたまったり、嫌な気持ちになったりするわけです。

あなたが二十歳のときに「ああなりたい、こうなりたい」といろんな計画を立てるとします。その計画がすべて、そのとき、その瞬間に実現する場合は何も問題はありません。いい仕事を見つけたい、かわいい女性・頼りがいのある男性と結婚もしたい、というならば、その時点ですべてが計画通りに実現すればうまくいきます。問題は次の瞬間からあなた自身が刻々と変化していくということです。二十歳のときにあこがれた仕事にやっと就けたころには、もう二十八歳になっている可能性もあります。二十八歳の自分は、また別の仕事に魅力を感じている可能性もあるのです。二十歳の男女が互いに強くひかれ合って、結婚できたら最高に幸せだと思っていたとします。しかし、十年たって二人が実際に結婚できたときには、お互いに歳をとっているので、二十歳のころに夢見ていたほどのときめきも幸福感も感じられないかもしれません。

私という存在は一つの現象にすぎません。その現象は刻々と変わっていきますから、今の自分に合わせて計画を立てても、自分が思い描いているような状況には落ち着かないわけです。人生はずうっとうまくいかないまま、期待通りではなかったという気持ちをいつでも抱える羽目になります。これが現象という最大の苦しみなのです。

だから、いくら人生をがんばっても決してうまくいきません。そんなことはないと否定しても、真理の世界から観れば決してうまくはいっていないのです。たった今、自分がいいと思っていたことでも、次の瞬間には違う思いを抱いた「別の自分」が存在します。自分は絶えず変化していますから、いつも「新しい自分」がそのときどきの環境に適応していかなければなりません。しかし、適応しようと思ったところでまた自分が新しく変わっているから、延々とうまくいかない状態が続いてしまうのです。こうして客観的に事実を見つめると、人間には将来について確固たる知識はないし、知ることもできない、完ぺきな計画を立てることも不可能だということがわかるでしょう。だから、人生はなかなかうまくいきません。なぜかというと、人生は無常であり、自分という現象は刻々と変わっていくからです。

すると、今度は自分以外の周りの世界は変わらないのか、という疑問がわいてきます。残念ながら、周りの世界も刻々と変わってしまうのです。たとえば大学二年の男性が、将来ソフトウェアの開発者になりたいと思って勉強していたとします。それは多くの若者にとってとても収入のよい花形の職業でした。しかし、本人が大学を卒業して必要な訓練を受けるころになると、社会情勢はもう変わっていて、ソフトウェアの開発者になっても仕事がなく収入が得られない、ということもあり得ます。

今の自分がいろいろな計画を立てても、計画が実現するときには自分が変わっているから、結果的に対応ができなくて困ります。逆に、今の自分ではなくて五年先の自分を想定して、「こうなったらいいな」と計画を立てても、五年もたてば自分をとり巻いていた世界も変わってしまいます。そうすると「ああ、しまった」ということになるのです。

このようにあらゆる生命にとって、一生涯つきまとう現象こそ、最大の苦なのです。しかし現象の世界に執着していても意味がないと気づけば、おのずと道は開けます。現象のシステムから脱出するしか選択肢はありません。涅槃を体験して現象のシステムから脱出することです。そこでブッダは「涅槃は最高の幸福です」と説かれたのです。

今の瞬間にピッタリと当てはまる計画は、楽しいことです。とてもおなかが空いているときにごちそうが目の前にある。ならば時間的にもピッタリでしょう。グッドタイミングという言葉があるように、そのときは喜びもひとしおで本当に楽しいのです。しかし、現象の世界にいる限り、グッドタイミングは絶対にあり得ない、というのがブッダの教えなのです。

⑦

人格者には敵もライバルもいない

愚か者は名誉・財産を得ても、
それは彼のいっさいの道徳を破壊し、
頭（智慧）までも切り落としてしまう。（七二）

一般的にどんな人でも、子供たちに向かって「よく勉強しなさい」と言います。ではどうして勉強するのかというと、将来、お金持ちになることや、安定した収入を得ること、それから名誉を得て名前を残すようなことが、とてもありがたいと思っているからなのです。それらが私たちの人生の目的だと言っても過言ではありません。まず収入を得ること。次に、何かの記録を残したり、競技で優勝したり、入賞したりして名誉を得ること。それから知識を得ることです。知識を生活の糧とすることは難しいようですが、少なくとも高校を出て、一流の大学に入って卒業することは、たいていの人が目的にしています。その中でもごくまれに、知識を生かして生活している知識人と呼ばれる人々がいます。

まとめて考えてみると、現代の私たちの人生の目的は、知識人になること、収入があること、それなりの名誉を得ること、この三つになります。三つとも欲しいという人はあまりいないかも知れませんが、人間はこのいずれかに引っかかってしまいます。知識を得ようと思うと、他のことが少々おろそかになって、貧乏になったりする。財産を得ることに夢中になると、知識もほとんどないまま、お金のためならどんなに悪いことでもするようになってしまう。また、名誉だけを欲しがる人も、他の二つは落としてしまうものです。知識も財産も名誉も、すべてそろっているという人はまれです。

私たちがずうっと言い聞かされているのは、「その三つに挑戦しなさい、それこそが人生だ」という話ばかりです。だから子供から「私はどんなことをして生きていけばいいのか」と聞かれると、「よく勉強しなさい」と答えるところから話が始まってしまうのです。「それから、いい仕事を見つけなさい」というのが加わる。不名誉ならく印を押されたら何もできなくなるのだから、「悪いこと、人さまに迷惑をかけることはするなよ」と言われる。私たちが受けてきた人生のアドバイスとは、その程度のものなのです。

しかし問題は、「それで世界はうまくいっているのか」ということです。知識人がいることはいる、お金持ちの人々もいることはいる、有名人はいくらでもいる。しかし、そういう人々からも犯罪者が出る。社会の問題はいっこうに解消しないまま、どんどん増えていくばかりです。結局、世の中では三つの目標をめざしていながら、決してうまくいっていないのです。

教育の世界を観てみると、社会が発達すればするほど、学校でいろんなトラブル、解決策のわからない子供の問題が次々と現われてきます。経済発展をさせようとして、かえって社会崩壊を引き起こしてしまう例は枚挙にいとまがありません。これだけ世の中には知識人があふれているのに、相変わらず戦争は起きるし、テロ事件は頻発していま す。対立の構図にはまり込んで、だれも仲良くしようとはしないのです。

名誉を得ることについても、その危険に気づいてしまうと単純に名誉を求めなさい、とは言えなくなります。競技でもなんでも、優勝するのは一人だけですから、他の人々は競争する中で、激しい怒り、憎しみ、ライバル意識などを積もらせているのです。自分が優勝するため、自分が名誉を得るために、トロフィーをもらうために、相当な怒りと憎しみを胸に、競争心をむき出して戦わなければいけないのです。

たとえ勝利してトロフィーをもらったとしても、それはもう戦いの技を身につけただけのことになってしまう。人をつぶす技が、なんてこともなく身についてしまったのです。そうやって、他人をつぶして抑えて自分が前に立つ技術をもっている人々がどんどん増えていくことは、大変危険な事態ではないでしょうか。

お金もうけにしても同じこと。これも競争社会だから、競争して勝った人が経済的に豊かになって収入をたくさん得られるようになる。富がたくさんある人とは、戦いに勝ち抜いた人です。その人が何を身につけているかと言えば、競争に勝つ技術であり相手を負かす技術なのです。

残念なことに知識人の世界でも、このライバル競争はあるのです。知識人の世界ぐらいは平和にお互い仲良くやればいいのにと思っても、この世の中では知識人の世界でさえも常に競争なのです。同じ分野で何人もの人間が研究に挑戦しているからです。そこでも競争して打ち勝った人が、世間から認められることになります。一人が発見した知識は、それを他の人があとで発見しても、もう自分のものではありません。最初の発見者に全部とられたことになるのです。だから知識人の間でも、憎しみや怒り、高慢は決してなくならない。「あいつよりは自分の方が上だ」ということを言いたくてたまらないのです。その人がたとえ優秀な科学者であろうとも、人格的にはだらしないままなのです。

お金を追い求める人、名誉ばかり追っている人、知識をもっぱら追っている人、どの人々も結局のところ、知識もしつけもない不道徳な人々や不法行為で生活している人々と比べて、そんなに違いはないのです。そういうアウトローたちは、ささいなことで怒るしけんかもします。彼らにとって生きるための競争は厳しいものでしょう。それは文化人でも同じことなのです。

だから、ひたすらお金をもうけて世間で知られた人間になろうとするのも、いろんな賞や勲章やトロフィーやメダルをとって名誉を集めようとするのも、それによって自分の世間的な立場を確定しようという必死の努力なのです。知識人にしても、自分の立場を確定しようとみんな努力をしています。それから次の世代も、さらにその次の世代も、同じ目的で、みんながんばっています。

そこにはとても大きな問題があるのです。それは結果としてみんな激しい気性の人間になるということです。競争社会に適応するため、人格的にはどんどん残酷になっていくのです。もしも相手の痛みを感じる人間だったら、成功はしないのですから。この社会では、「相手はどうでもいい」という気持ちで競争しなければいけないのです。今の世間の価値観でいけば、人格者でない方が成功の道に乗ってしまいます。残酷で人の痛みを感じないならば、その分、社会で成功するのです。

そういうわけで、世界が全体的に悪くなっていくことが必然的な結果になります。そこで今さら、なぜこの世の中はがたがたなのか。なぜ自然破壊が止まらないのか。なぜ戦争が続くのか。なぜテロ事件が起こるのか。うんぬんと慌ててみても、解決策はまったく見つからないと思います。

世界は根本的に道を間違えています。「成功しつつ平和な社会を築こう」という理屈は、あまりにも矛盾だらけで成り立ちません。成功する道とはすなわち競争する道であり、相手を倒す道を意味します。相手を倒すと同時に、平和と調和を手に入れることなどだれにもできません。もはや恐ろしいほど残酷な人間でなければ、現代を生き抜くことはできないのです。

たとえ人格的に立派な人間でなくとも、それこそ性格の悪い人であっても、いろいろな勉強をすれば、専門的な知識を身につけたり、お金をもうけたり、名誉を得たりすることができます。しかし彼らがビジネスに成功し、それらを手にするとき、実は社会に多大な迷惑をかけることになります。彼らは自分の目的を達成するためには手段を選ばない――ときには戦争まで引き起こし、何もかも破壊し尽くしてしまうからです。反対にこころが柔らかで平和主義を堅持する人、他人のことを心配する人、相手を思いやるこころの持ち主ならば、この恐ろしい競争社会に入ることはできません。そうした観点から現代を見つめていくと、私たちの社会は平和を壊す人々やお互いに憎しみ殺し合う人々で成り立っていると言っても過言ではないでしょう。

だからブッダは「愚か者が知っている智慧が、すべて自己破壊になるのだ」と説かれているのです。勉強をして知識を身につけたりするよりも、お金もうけに挑戦するよりも、名誉を得ようとするよりも先に、まず人格者になりなさいと。人格ができていない人が、いくら勉強をしてお金をもうけたとしても、身の破滅を招き、他人をも巻き込んでしまいます。これはとても危険なことです。しかし、私たちが人格者になって富や名誉を得るならば、必ずや世の中に善い結果をもたらします。次代を担う子供たちやこれから社会人になる若者たちが、まず人格的に立派な人間になるための土台を築き、その上で自分の目的に挑戦すれば、世の中はもっと素晴らしくなります。そうした一人ひとりの努力によって、やっと初めて平和な社会を築くことができるのです。

なぜ、立派な人格を築くことが大事かというと、今の社会ではたとえ知識人と呼ばれるような人たちでも、絶えず危険な状況にさらされるからです。スキャンダル騒ぎに巻き込まれ、裁判を起こされれば、たちまちいろんなところから攻撃を受けます。そして、多くの敵に囲まれ、少しでも傷を負わされ弱まったら、その時点でつぶされます。経済の世界でも同様です。ビジネスに成功して大会社を築き、多くの収入を得ている人でも、思いがけない攻撃によって経営が破たんし、生きていられないほど経済的に困窮する危険を常に抱えています。つまり、お金持ちであろうが、知識人であろうが、名誉を得た人であろうが、死ぬまで常に攻撃を受ける仕組みになっているのです。それも過酷な競争を勝ち抜き、上に行けば行くほど、激しい攻撃にさらされます。これでは自分がなんのために頂点をめざしてきたのか、わからなくなってしまいます。

しかし、ブッダの教えを実践すれば、結果は逆になります。立派な人格を築いていれば、自分の立場は安定します。まず人格があって、思いやりがあって、やさしいこころがあって、人を憎んだりもせず、人さまのために貢献するという基本的な姿勢ができていれば、知識をいくら得ても、その人は攻撃されません。自分が得たその位置で安定します。それなりに自分の目的を達成したのだから、自分でも「ああ、よかった」という穏やかさ、やさしさを感じられる。自分が決めた目的に達していることに満足できるのです。そういう人格者がお金をもうけることに目的を定めたならば、これもまた成功するでしょう。そもそも敵が存在しませんから、だれからも攻撃を受けることはありません。人生というものは「ライバル（敵）」がいなければ必ず成功するものなのです。自分に対してだれも〝テロ行為〟を起こさない、敵対する者がいないという安全感や安心感を得るには、人格者になる以外に道はありません。

そうなる努力をした人は、とても安定した位置で平和に過ごすことができます。何事も努力というものは、一人ひとりが自分でしなければいけないものです。私たちが何をどう叫んでも、この世の中は一人ひとりの努力で成り立っているのです。一人ひとりがそうやって人格者としてがんばって、知識、名誉、財産のいずれかを自分の能力次第で求めよう、何かを得ようとするならば、安定した位置に達し、穏やかで平和でいられます。その人のおかげで、その人に関係する人々もみんな、平和主義で穏やかな人間に変わってしまうでしょう。そういう道を歩むことは、たしかに大変な、難しいことではあります。

愚か者は名誉・財産を得ても、
それは彼のいっさいの道徳を破壊し、
頭（智慧）までも切り落としてしまう。（七二）

この偈の原文を意訳するならば、

「人格のできていない人が、知識を得よう・財産を得よう・名誉を得ようとしても、そこでその人は激しく自分の道徳を壊してしまう。同時に智慧も、自分の人格的な将来も全部つぶして壊してしまう」

という内容になります。「自分で自分の頭を切断してしまうような道である」という大変激しい文学的な表現になっていますが、ここで言いたいのは「すべてを失う」という意味です。注釈書には、頭（ムッダ）とは智慧のことだと書いてあります。仏教では智慧こそがめざすべき目的だと言っていますから、それがなくなってしまうと、もうすべてを失ったことになるのです。

仏教では、別に財産や名誉をめざすべきものだとは説いていません。それは欲しい人が、勝手にがんばって手に入れればよいだけのことです。では人間の理想としてめざすべきものは何か。それは智慧です。これこそが唯一の価値があるもので、智慧がなくなってしまうならば生きていてもなんの意味もないのです。この偈で言っているのは、たんなる競争原理で知識を使う限り、結局、智慧が生まれる土台さえもなくなってしまうということなのです。

もう一度、要点を確認しておきましょう。

世の中ではだれもが、経済的に豊かになること、知識を得ること、あらゆる賞をとったり記録を作ったりして名誉を得ることが素晴らしい生き方である、それこそが人生の成功だと一貫して説いています。簡単にまとめれば、財産と名誉と知識――この三つを地球上のだれもが人生の目標に挙げるのです。

しかし世の中は競争原理の上に成り立っています。この三つを得るためには、過酷な競争に打ち勝たねばなりません。成功者とは大勢のライバルをつぶして、激しい競争を勝ち抜いた人のことです。「勝ち抜いた」ということは、「ライバルをどんどん増やしていった」ことになります。だから、自分の成功した位置が高ければ高いほど、自分に敵対するライバルの力も、どんどん大きくなってしまいます。

たとえば性格がまっすぐで立派な人が、ある国の政治に参加したとします。しかし政界の頂点をめざし、やがて総理か大統領などになった時点で、みんなから攻撃されるようになるのです。だれも協力などしてくれません。なぜならば、政治とは競争原理の上に成り立っている、人を倒してのし上がっていくシステムだからです。

競争原理の上に何が成り立とうとも、社会は非常に不安定です。だから成功者がたくさんいるならば、それだけ社会は不幸になる。そういう大きな矛盾を抱えているのです。アメリカン・ドリームという言葉がありますが、成功者が派手に成功を収めるほど、どんどん不幸な人々が増えてしまう。みんなが成功者に嫉妬して、すきをみつけては攻撃しようとします。学者の世界でも名誉の世界でも見られる光景です。世の中が決して平和にならないような矛盾したやり方によって、私たちは幸せな人生を手に入れようとしているのです。

この矛盾を解決する方法は、やはり人格を育てることが一番大事なのだ、と決めることなのです。やさしさと思いやり、そして、人のことを心配する気持ちをはぐくむ。自分が得る知識であろうが名誉であろうが財産であろうが、それはみんなのためにも使おうと努める。仲良くするために、調和のために、共存して生きるために使おう、という気持ちがあれば、この競争原理はなくなってしまうのです。

その代わりに「自分に挑戦する」という道が出てきます。自分自身でどんどん自分の能力を向上させて、同時にみんなにも協力してあげる。そういう人が人の上に立ち、さらに上へ上へと進んでいけば、だれからも感謝されます。その人を支える人々の輪も大きく広がっていきます。だれかを踏み倒しながら頂点をめざしているのではありませんから、敵対する人もいません。そういう成功者ならば、世の中にいくら増えてもありがたいのです。

今の世界では、だれもが億万長者になれるわけではありませんし、すべてのアメリカ人がアメリカン・ドリームをかなえられるわけでもない。現実にはごくわずかな一握りの人々が成功を手にするだけです。だから十万人に一人、あるいは百万人に一人にしか達成できないような目的のために戦っても、私たちに勝ち目はありません。いつまでたっても、成功者はそんなに増えませんし、増えると困るから殺し合いまでしでかすのです。現代社会は成功と破壊が表裏一体なので、成功というものは多くの人にとっては望みようもないのです。

その悪循環から抜け出したいならば、教育の世界でも、日常の世界でも、ビジネスの世界でも、やはり人格者であることが一番大切だ、とこころに決めることです。そこを重視しておけば、どんな状況に置かれても大丈夫です。もう敵対するライバルなどどこにもいなくなってしまうでしょう。何もかもが安定します。ブッダの道を歩むのならば、いくらでも成功者が増えていきます。競争原理にこころを振り乱されなければ、だれもが自分の夢をかなえられるのです。

本書の内容、その他についてのお問い合わせは、
下記宛にお願いします。
（宗）日本テーラワーダ仏教協会
〒151-0072 東京都渋谷区幡ヶ谷1-23-9
Tel 03-5738-5526 / Fax 03-5738-5527
URL https://j-theravada.net/
E-mail info@j-theravada.net

アルボムッレ・スマナサーラ

一九四五年四月、スリランカ生まれ。スリランカ仏教界長老。一九八〇年に来日。駒澤大学大学院博士課程を経て、現在は(宗)日本テーラワーダ仏教協会で初期仏教の伝道と瞑想指導に従事。ブッダの根本の教えを説き続けている。著書に『原訳「法句経」一日一話』(佼成出版社)『なぜ、悩む!』(サンガ)『希望のしくみ』(養老孟司氏との共著、宝島社)『ブッダの智慧で答えます生き方編』(創元社)などがある。

原訳「法句経《ダンマパダ》」一日一悟

平成17年11月30日　初版　第1刷発行
令和 4 年 8 月10日　初版　第14刷発行

著者……………………アルボムッレ・スマナサーラ
発行者…………………中沢純一
発行所…………………株式会社 佼成出版社

〒166-8535 東京都杉並区和田2-7-1
TEL (03) 5385-2317 (編集)
TEL (03) 5385-2323 (販売)
URL　https://kosei-shuppan.co.jp/

印刷所…………………大日本印刷株式会社
製本所…………………大日本印刷株式会社

<出版者著作権管理機構（JCOPY）委託出版物>
本書の無断複製は著作権法上での例外を除き禁じられています。複製される場合はそのつど事前に、出版者著作権管理機構（電話 03-5244-5088、ファクス 03-5244-5089、e-mail: info@jcopy.or.jp）の許諾を得てください。
◎ 落丁本・乱丁本はおとりかえします。
ISBN978-4-333-02182-6　C0215
©Japan Theravada Buddhist Association, 2005. Printed in Japan.

佼成出版社の本

スマナサーラ長老が贈る実践的仏教書

原訳「法句経《ダンマパダ》」一日一話

A・スマナサーラ 著

「ブッダの言葉に最も近い経典」と言われる『法句経《ダンマパダ》』を、スリランカ仏教界の長老が一日一話の読み切り型式で解説。人生を切り拓き、力強く歩むためのヒントが満載！

●新書判

◎今なすべきことに意識を向ける
◎まず自分をととのえてから
◎ものに依存しない生き方
◎得る道ではなく捨てる道
◎心によい癖をつける
◎人格の完成をめざす　ほか
（目次より）

校成出版社の本

仏教評論家ひろさちや氏の思索の集大成

ひろさちや「祖師を生きる」シリーズ【全8冊】

平安・鎌倉時代に活躍した
祖師方と〈出会い直す〉ことが、
濁世《じょくせ》を生き抜く杖となる。

仏教を分かりやすく語り続けて半世紀——
最新の仏教研究を踏まえて書き下ろされた
著者渾身のシリーズここに誕生。

【好評既刊】

親鸞を生きる
道元を生きる
空海を生きる
法然を生きる
一遍を生きる
最澄を生きる
栄西を生きる
日蓮を生きる

（四六判・並製）